A BÍBLIA

Dados Internacionais de Catalogação na Publicação (CIP)
(Câmara Brasileira do Livro, SP, Brasil)

Schlaepfer, Carlos Frederico
  A Bíblia : Elementos historiográficos e literários / Carlos
Frederico Schlaepfer, Francisco Rodrigues Orofino, Isidoro
Mazzarolo. 7. ed. – Petrópolis, RJ : Vozes, 2019. – (Iniciação
à Teologia)
  ISBN 978-85-326-6082-4
  Bibliografia
  1. Bíblia – Estudo e ensino 2. Bíblia – Historiografia
3. Bíblia – Introduções 4. Bíblia como literatura
I. Orofino, Francisco Rodrigues. II. Mazzarolo, Isidoro.
III. Morás, Francisco. IV. Título. V. Série.

03.6764   CDD-220.61

Índices para catálogo sistemático:

1. A Bíblia : Elementos historiográficos e literários   220.61

CARLOS FREDERICO SCHLAEPFER
FRANCISCO RODRIGUES OROFINO
ISIDORO MAZZAROLO

A BÍBLIA

Elementos historiográficos
e literários

EDITORA
VOZES

Petrópolis

© 2004, 2019, Editora Vozes Ltda.
Rua Frei Luís, 100
25689-900 Petrópolis, RJ
www.vozes.com.br
Brasil

Editoração: Augusto Ângelo Zanatta
Diagramação: Sheilandre Desenv. Gráfico
Revisão gráfica: Nilton Braz da Rocha / Nivaldo S. Menezes
Capa: Renan Rivero

ISBN 978-85-326-6082-4

Esta obra teve 6 edições com o título *A Bíblia: introdução historiográfica e literária.*

Editado conforme o novo acordo ortográfico.

Este livro foi composto e impresso pela Editora Vozes Ltda.

Sumário

Apresentação à segunda edição

Uma coleção de teologia, escrita por autores brasileiros, leva-nos a pensar a função do teólogo no seio da Igreja. Tal função só pode ser entendida como atitude daquele que busca entender a fé que professa, e, por isso, faz teologia. Esse teólogo assume, então, a postura de produzir um pensamento sobre determinados temas, estabelecendo um diálogo entre a realidade vivida e a teologia pensada ao longo da história, e se caracteriza por articular os temas relativos à fé e à vivência cristã, a partir de seu contexto. Exemplo claro desse diálogo, com situações concretas, são Agostinho ou Tomás de Aquino, que posteriormente tiveram muitas de suas teorias incorporadas à doutrina cristã-católica, mas que a princípio buscaram estabelecer um diálogo entre a fé e aquele determinado contexto histórico. Como conceber um teólogo que se limita a reproduzir as doutrinas pensadas ao longo da história? Longe de ser alguém arbitrário ou que assuma uma posição de déspota, o teólogo é aquele que dialoga com o mundo e com a tradição. Formando a tríade teólogo-tradição-mundo, encontramos um equilíbrio saudável que faz com que o teólogo ofereça subsídios para a fé cristã, ao mesmo tempo que é fruto do contexto eclesial em que vive.

Outra característica que o acompanha é a de ser filho da comunidade eclesial, e, como tal, deve fazer de seu ofício um serviço aos cristãos. Se consideramos que esses cristãos estão inseridos em realidades concretas, cada teólogo é desafiado a oferecer pistas, respostas ou perspectivas teológicas que auxiliem na construção da identidade cristã que nunca está fora de seu contexto, mas acontece justamente na relação dialógica com ele. Se o contexto é sempre novo, também a teologia se renova. Por isso o teólogo olha novos horizontes e desbrava novos caminhos a partir da experiência da fé.

O período do Concílio Vaticano II (1962-1965) consagrou novos ares à teologia europeia, influenciada pela *Nouvelle Théologie,* pelos movimentos bíblicos e litúrgicos, dentre outros. A teologia, em contexto de modernidade, apresentou sua contribuição aos processos conciliares, sobretudo na perspectiva do diálogo que ela própria estabelece com a modernidade, realidade latente no contexto europeu. A primavera teológica, marcada por expressiva produção intelectual e pelo contato com as várias dimensões humanas, sociais e eclesiais, também chega à América Latina. As conferências de Medellín (1968) e Puebla (1979) trazem a ressonância de vários teólogos latino-americanos que, diferente da teologia europeia, já não dialogam com a modernidade, mas com suas consequências, vistas principalmente no contexto socioeconômico. Desse diálogo surge a Teologia da Libertação e sua expressiva produção editorial. A Editora Vozes, nesse período, foi um canal privilegiado de publicações, e produziu a coleção *Teologia & Libertação* que reuniu grandes nomes na perspectiva da teologia com a realidade eclesial latino-americana. Também nesse período houve uma reformulação conceitual na *REB* (Revista Eclesiástica Brasileira), organizada pelo ITF (Instituto Teológico Franciscano), sendo impressa e distribuída pela Editora Vozes. Ela deixou de ser canal de formação eclesiástica para se tornar um meio de veiculação da produção teológica brasileira.

Embora muitos teólogos continuassem produzindo, nas décadas do final do século XX e início do XXI, o pensamento teológico deixou de ter a efervescência do pós-concílio. Vivemos um momento antitético da primavera conciliar, denominado por

8

muitos teólogos como inverno teológico. Assumiu-se a teologia da repetição doutrinária como padrão teológico e os manuais históricos – muito úteis e necessários para a construção de um substrato teológico – que passaram a dominar o espaço editorial. Essa foi a expressão de uma geração de teólogos que assumiu a postura de não mais produzir teologia, mas a de reafirmar aspectos doutrinários da Igreja. O papado de Francisco marcou o início de um novo momento, chancelando a produção de teólogos como Pagola, Castillo, e, em contexto latino-americano, Gustavo Gutiérrez. A teologia voltou a ser espaço de produção e muitos teólogos passaram a se sentir mais responsáveis por oferecerem ao público leitor um material consonante com esse momento.

Em 2004, o ITF, administrado pelos franciscanos da Província da Imaculada, outrora responsável pela coleção *Teologia & Libertação* e ainda responsável pela *REB*, organizou a coleção *Iniciação à Teologia*. O Brasil vivia a efervescência dos cursos de teologia para leigos, e a coleção tinha o objetivo de oferecer a esse perfil de leitor uma série de manuais que exploravam o que havia de basilar em cada área da teologia. A perspectiva era oferecer um substrato teológico aos leigos que buscavam o entendimento da fé. Agora, em 2019, passamos por uma reformulação dessa coleção. Além de visarmos um diálogo com os alunos de graduação em teologia, queremos que a coleção seja espaço para a produção teológica nacional. Teólogos renomados, que têm seus nomes marcados na história da teologia brasileira, dividem o espaço com a nova geração de teólogos, que também já mostraram sua capacidade intelectual e acadêmica. Todos eles têm em comum a característica de sintetizarem em seus manuais a produção teológica que é fruto do trabalho.

A coleção *Iniciação à Teologia*, em sua nova reformulação, conta com volumes que tratam das Escrituras, da Teologia Sistemática, Teologia Histórica e Teologia Prática. Os volumes que estavam presentes na primeira edição serão reeditados; alguns com reformulações trazidas por seus autores. Os títulos escritos por Alberto Beckhäuser e Antônio Moser, renomados autores em suas respectivas áreas, serão reeditados segundo os originais, visto que o conteúdo continua relevante. Novos títulos serão publicados à medida que forem finalizados. O objetivo é oferecermos manuais às disciplinas teológicas, escritos por autores nacionais. Essa parceria da Editora Vozes com os teólogos brasileiros é expressão dos novos tempos da teologia, que busca trazer o espírito primaveril para o ambiente de produção teológica, e, consequentemente, oferecermos um material de qualidade para que estudantes de teologia, bem como teólogos e teólogas, busquem aporte para seu trabalho cotidiano.

Welder Lancieri Marchini
Editor teológico, Vozes
Organizador da coleção

Francisco Morás
Professor do ITF
Organizador da coleção

Prefácio

A teologia bíblica apresenta uma desenvoltura acadêmica e de produção bibliográfica que a destaca dentro do mercado editorial e também na academia. A relação dos assuntos teológicos com a exegese bíblica bem como com a arqueologia, com a geografia e com a própria história de Israel faz com que as disciplinas bíblicas assumam perspectivas mais arrojadas e novos métodos de leitura da Bíblia. Também a concepção da Bíblia como resultado de um processo literário ganha projeção nas pesquisas bíblicas e auxilia no entendimento dos textos como fruto de processos históricos.

Outra característica da teologia bíblica é sua capacidade de extrapolar o âmbito acadêmico chegando às comunidades eclesiais. O povo tem a Bíblia nas mãos e de certa forma isso é resultado do Movimento bíblico europeu e da perspectiva eclesial do Concílio Vaticano II. E se o Concílio fala de um "ouvir religiosamente a palavra de Deus" (DV 1), a recepção conciliar pela América Latina entendeu que essa leitura acontece no ambiente comunitário extrapolando a leitura eclesiástica da Bíblia. Isso fez com que as comunidades eclesiais tivessem mais acesso aos textos, o que resultou no aumento do interesse por elementos que auxiliam na interpretação.

Assim esse volume é útil àqueles que querem elementos para um melhor entendimento da historiografia e da literatura bíblica e pode ser utilizado tanto nas disciplinas introdutórias dos cursos de teologia, mas também pelas comunidades eclesiais e lideranças cristãs. Os autores perpassam temas como a geografia e a história de Israel. Também entendem que a constituição da monarquia e o exílio da Babilônia se constituem como elementos-chave do processo de elaboração das Escrituras. O contato com a cultura helênica influenciou tanto a redação dos evangelhos como das cartas paulinas, além de parte do Antigo Testamento como os textos sapienciais e apocalípticos.

Os autores desse volume da coleção *Iniciação à Teologia* vêm da experiência das Comunidades Eclesiais de Base e trazem com muita propriedade a experiência da leitura popular da Bíblia. Tal vivência resulta em uma obra didática e acessível, que auxilia no entendimento dos elementos que formam o contexto histórico onde os textos bíblicos foram escritos e aumenta a possibilidade de um diálogo profícuo com as comunidades eclesiais atuais.

Welder Lancieri Marchini
Editor teológico, Vozes
Organizador da coleção

Francisco Morás
Professor do ITF
Organizador da coleção

1
Introdução à geografia bíblica

A geografia bíblica é de extrema importância para podermos entender o movimento da história e a formação dos textos. Alguns autores falam de geografia bíblica, outros de Palestinologia, outros ainda de "mundo da Bíblia". A forma como se trata a questão é muito mais importante que o título que lhe possa ser dado. A geografia bíblica abrange o relevo, as dimensões territoriais e a especificidade de cada região. A parte do relevo, dos tipos de produção e as características físicas permanecem quase inalteráveis ao longo dos tempos, mas o que muda muito é a dimensão política dos mapas. Vista num olhar rápido na sucessão dos séculos, a fronteira parece ser algo muito elástico. O domínio político configura também uma dimensão geográfica, um abrir as portas e uma expansão de domínio territorial, ideológico e econômico. Ainda que as dimensões territoriais consigam ser conservadas, não obstante a sucessão de domínios e possessões, a configuração dos mapas aparece alterada em virtude da mudança no quadro político de dominação. Assim, para cada época aparecerá um mapa que configura a extensão e a relação entre história política e geografia.

Os mapas estão colocados de modo didático, em cada contexto, para ajudar você a acompanhar os temas, os livros e o ambiente. Os mapas desempenham um papel importante na compreensão dos livros bíblicos, uma vez que geografia, história e teologia formam um bloco unitário no desenvolvimento dos povos antigos.

Na primeira fase da formação da Bíblia, temos o mapa da *Meia-Lua Fértil* ou *Crescente Fértil*, que circunscreve as regiões do Egito (com o Rio Nilo), da Palestina (como um corredor de passagem entre o Ocidente e o Oriente) e do Oriente (a Assíria, a Babilônia, a Pérsia, especialmente a região entre os rios Tigre e Eufrates). Para percorrer o caminho entre o Egito e a Mesopotâmia era obrigatório passar pela Palestina, quer no caminho de ida ou mesmo no caminho de volta. O deserto da Arábia era praticamente intransponível com os recursos e meios da época e, por isso, o caminho era sempre pela costa ocidental da Palestina e depois a travessia das montanhas em direção à Mesopotâmia e vice-versa.

A Meia-Lua Fértil ou "Crescente Fértil"

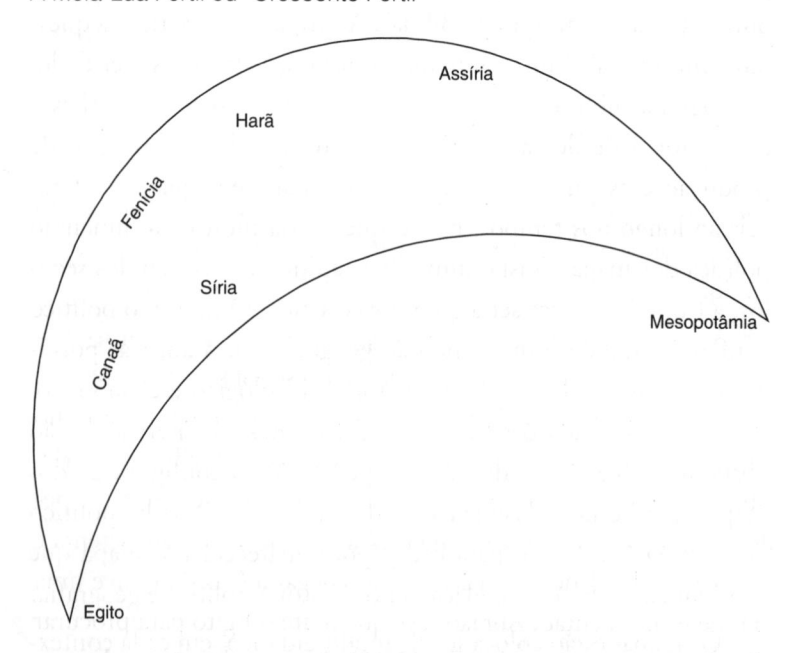

1.1 A Meia-Lua Fértil ou Crescente Fértil

A "Meia-Lua Fértil", como você pode ver no mapa, abrange o mundo antigo da Bíblia. O povo de Israel, nos seus primórdios, possui uma história que se relaciona com os povos vizinhos e antecessores dele. As dificuldades de locomoção eram grandes, os recursos de viagem muito parcos e a segurança das caravanas estava sempre ameaçada. Desta forma, as viagens se limitavam ao caminho que, geração após geração, costumava-se fazer.

A "Meia-Lua Fértil" era o caminho destes povos nômades ou seminômades entre o Egito e a Mesopotâmia, compreendendo também a Pérsia. Nesta região, os impérios se sucediam nas conquistas, no domínio e na influência de uma cultura sobre a outra ao longo dos séculos. Por outro lado, antes mesmo de o ser humano começar a cultivar a terra, o Egito e a Mesopotâmia se constituíam em celeiros naturais, quer naquilo que a própria natureza oferecia através da fertilidade do solo, quer através dos animais e peixes que viviam nos rios e lagos formados pelo Nilo (Egito) e Tigre e Eufrates (Mesopotâmia).

É dentro desta circunscrição geográfica que encontramos os primeiros relatos da criação, do dilúvio, das histórias de personagens importantes, de heróis invencíveis e da presença da divindade como aliada às situações humanas, particularmente quanto ao sofrimento e à dor (cf. Gn 1–11).

A caminhada dos patriarcas bíblicos também está dentro deste quadro: Nacor, pai de Taré, vivia na Mesopotâmia (Gn 11,24). Taré se tornou o pai de Abraão e um dia decidiu tomar o caminho para Canaã, mas, ao chegar em Harã, estabeleceu-se ali (Gn 11,31). Abraão, casado com Sarai, recebeu uma visão de Deus que lhe pediu para ir para Canaã, com sua mulher e seus servos, aos setenta e cinco anos de idade (Gn 12,1-9). Ao chegar a Canaã, houve uma grande fome e, então, Abraão teve que ir até o Egito para procurar alimentos e sobrevivência (Gn 12,10). Mais tarde, são os descendentes de Abraão que retornam ao Egito para providenciar víveres com a família de Jacó e seus filhos (Gn 42–50). No Egito inicia-se uma nova etapa do povo da Bíblia com o êxodo (Ex 3,1ss.).

1.2 As três grandes linhas da humanidade

Uma concepção antiga alimentava a ideia de que a humanidade teve origem em três grupos, originando três grandes raças, depois do dilúvio (Gn 6,1ss.). Seria o novo começo da humanidade com os três filhos de Noé: Sem, Jafé e Cam (cf. Gn 10,1ss.). Esta teoria carece de fundamentação histórica e antropológica, mas faz parte da tradição popular bíblica. As raças surgem, provavelmente, de uma só, não mais da Mesopotâmia, como se acreditava antigamente, mas da África, conforme mostram os achados arqueológicos. Adão teria mudado de cidadania, trocado a Mesopotâmia pela África, revelando que as narrativas do começo da história da humanidade estariam muito longe do começo da mesma.

A sucessão das mudanças políticas internas e externas provocou mudanças na formação geográfica das regiões e comunidades. Das tribos passou-se à monarquia, com um Reino unido. Da monarquia unida produziu-se o Reino dividido em dois: Israel e Judá. Por fim, a submissão do Reino do Norte, Israel, ao poder da Assíria, em 722 a.C., e, no ano de 589 a.C., a deportação de grande parte do Reino do Sul para a Babilônia relacionam a Palestina com o Império Babilônico e com o Império Persa.

A reconstrução de Jerusalém no período persa (depois de 450 a.C.) gera conflitos de ordem interna e mantém a ruptura entre o Reino de Judá e a Samaria. Os conflitos se generalizam alguns anos mais tarde (323 a.C.) com o domínio grego e a helenização de Jerusalém.

A partir do ano 63 a.C., com a chegada dos romanos, a Palestina foi recebendo uma configuração própria. Ainda que houvesse procuradores romanos, os judeus, desde 37 a.C., com Herodes o Grande, conseguiram ter uma certa autonomia até a destruição de Jerusalém no ano 70 d.C., e o fim da presença judaica na Palestina, com Adriano, em 136 d.C.

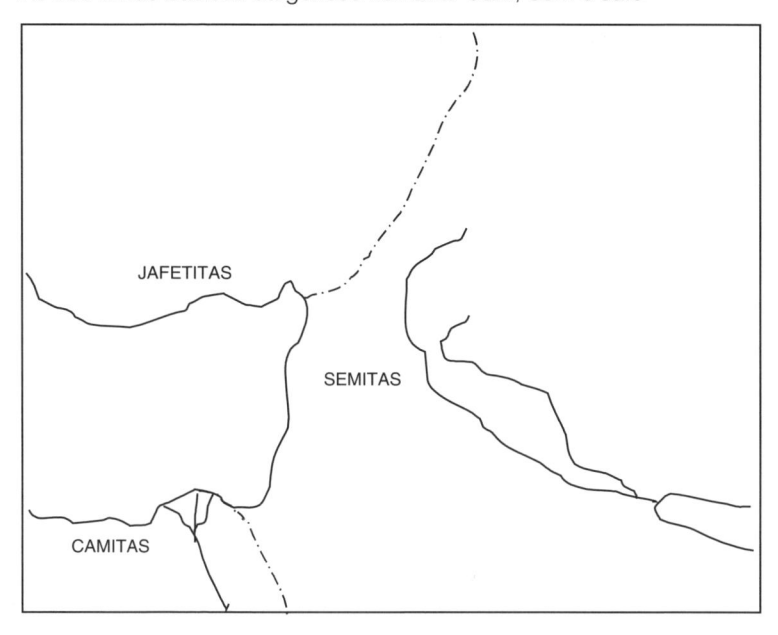

Os mapas do período cristão poderiam ser vistos como uma espiral que tem seu eixo de gravitação sobre Jerusalém e vai atingindo todos os limites do Império Romano, "até os confins do mundo" (Espanha e as Gálias), mas depois vai transportar seu eixo central para Roma, em virtude das perseguições na Palestina. O caminho do cristianismo começa em Jerusalém e chega até Roma, com os primeiros discípulos e apóstolos. Depois, ele parte de Roma e atinge outras regiões da Europa e também fortalece o caminho de volta, nas primeiras plagas cristãs, na Macedônia, na Ásia e no Oriente.

O mapa do Apocalipse revela um simbolismo próprio do livro, de modo particular na referência das sete cartas às sete Igrejas. O número *sete* tem um sentido especial para o autor, e, não obstante ele diga que está escrevendo às sete Igrejas por ele nomeadas, o projeto é atingir todas as comunidades que se achavam em clima de sofrimento e perseguição. Mas você tem a oportunidade de localizar uma pequena região da Ásia Menor e encontrar nela as sete Comunidades do Apocalipse e depois transferir essas mensagens para todas as outras.

2
A Palestina

2.1 De quem é esta terra?

Quando os portugueses e espanhóis invadiram as terras dos índios na América do Sul e Central, e do mesmo modo quando os ingleses invadiram a América do Norte, eles acreditaram que estas terras não tinham dono porque dono é aquele que sabe defender suas propriedades com armas mais fortes do que aquele que ataca. Assim eles entraram e destruíram as populações existentes e se colocaram como donos. Na região das Missões, que abrange parte do Rio Grande do Sul, Argentina e Paraguai, o líder indígena que comandou a resistência, Sepé Tiaraju, exclamava: "Esta terra tem dono! Esta terra é nossa!"

Estudando os territórios bíblicos, percebe-se uma sucessão de domínios e uma constante em todas as épocas: quem tem armas e força usa da imbecilidade e da prepotência para dominar, matar e subverter a ordem e o direito. Diante de tantos donos, pode-se perguntar: Quem é mesmo o dono das terras do mundo bíblico? Contam as tradições judaicas que Taré, pai de Abraão, partiu de Ur, na Caldeia, para Harã (Assíria). Ele era estrangeiro e essa região tinha habitantes e donos. Mais tarde, Abraão deixou seu pai em Harã e dirigiu-se para Canaã, foi até o Egito e de lá decidiu retornar para Canaã, onde se estabeleceu em Hebron. A descendência de Abraão se estabeleceu ao redor de Hebron e, mais tarde, em virtude da seca naquelas terras, teve que migrar para o Egito, onde acabaram tornando-se reféns e escravos.

A tradição judaica argumenta que Deus lhe deu esta terra, mas quando Abraão passou por lá, vindo de Harã, *estas terras já tinham dono.*

A proposta de buscar uma terra onde corre leite e mel (liberdade e conforto) é muito conflitiva:

Javé disse: "Eu vi, eu vi a miséria do meu povo que está no Egito. Ouvi o seu clamor por causa dos seus opressores; pois eu conheço as suas angústias. Por isso desci a fim de libertá-lo da mão dos egípcios, e para fazê-lo subir daquela terra para uma terra vasta e boa, na qual mana leite e mel, o lugar dos cananeus, dos heteus, dos amorreus, dos ferezeus, dos heveus e dos jebuseus" (Ex 3,7-8).

Nesta hora, os habitantes de Canaã devem ter exclamado: "Esta terra tem dono!"

Como justificar que um Deus possa ser bom tirando a terra de alguém para dá-la a outros sem o consentimento dos primeiros? Como se pode inserir princípios políticos unilaterais e fazer deles vontade de Deus? A questão começa a complicar-se quando se olha o texto de *Josué* (2,1ss.) e encontra-se todo o aparato militar, político, corruptor e de espionagem para entrar e tomar de assalto a cidade de Jericó. De modo análogo vai surgindo toda uma auto-conceituação de eleição para justificar todas as investidas políticas dos invasores contra os cananeus, donos legítimos das suas terras. Se a libertação é uma forma de mostrar que Deus não aceita a escravidão, a morte dos cananeus não pode ser justificada pela ação do mesmo Deus.

Diante disto, podemos exemplificar o que aconteceu na África do Sul com o *apartheid*. Os negros tomaram consciência da escravidão imposta pelos brancos (invasores). Sua luta foi legítima e justa para ter em suas mãos a terra e o poder de governo, mas eles não mataram, nem foram aos países de origem tomar de volta o que havia sido roubado. De modo semelhante, temos o exemplo da Índia com o movimento de conscientização da libertação dos ingleses (invasores). Gandhi conseguiu inculcar nos seus compatriotas que dependência dos invasores era prejudical ao povo e, com isto, fez um movimento de rejeição aos opressores e libertação do próprio povo. A terra, como dom divino, é um bem inalienável de todo o ser humano (Adão, *adamah* = terra avermelhada) e não pode ser tirada do seu legítimo dono. A terra é o próprio ser humano. Na história do êxodo, portanto, encontramos o movimento de libertação, conscientização da própria dignidade e direito à vida em liberdade, de um lado. Do outro, encontramos a forma como se dá a conquista da terra, que já estava nas mãos dos cananeus, como um ponto crítico de reflexão e questionamento sobre os perigos da manipulação de Deus e sua vontade.

Palestina: O nome atual é um dos tantos nomes que esta terra recebeu ao longo da história. Em documentos diversos, ela recebeu o nome de "Kinahhi", "Khuru", "Amurru", "Harrus", "Retenu" e "Palashtu" (no plural "Palashtim") donde provém o nome Filisteus, povo que sempre controlou o caminho do mar e desempenhou um papel importante na mineração e na manufatura do ferro. Os filisteus manuseavam bem a arte da guerra e da produção de armas.

2.2 A terra de Canaã

"Canaã" significa, etimologicamente, "pai da púrpura". O texto de Gn 9,22-27 liga Canaã a Cam, pai de toda a descendência do Egito. O território de Canaã abrangia os seguintes limites: ao Sul com o Egito; ao Leste com o Rio Jordão, compreendendo as duas margens; a Oeste com o Mar Mediterrâneo; e ao Norte com a Fenícia e a Síria. Os cananeus são os primeiros habitantes da Palestina (Sb 12,3) e formam um conjunto de povos descendentes do mesmo ramo genético Cam. Em Gn 10,15-18 são mencionados todos os filhos de Canaã (filho de Cam): "Canaã gerou Sídon, seu primogênito, depois Het, e o jebuseu, o amorreu, o gergeseu, o heveu, o araceu, o sineu, o arádio, o samareu, o emateu; em seguida, dispersaram-se os clãs cananeus. A fronteira dos cananeus ia de Sidônia em direção de Gera, até Gaza, depois em direção a Sodoma, Gomorra, Adama e Seboim, até Lesa".

Povos que habitavam Canaã antes de Israel

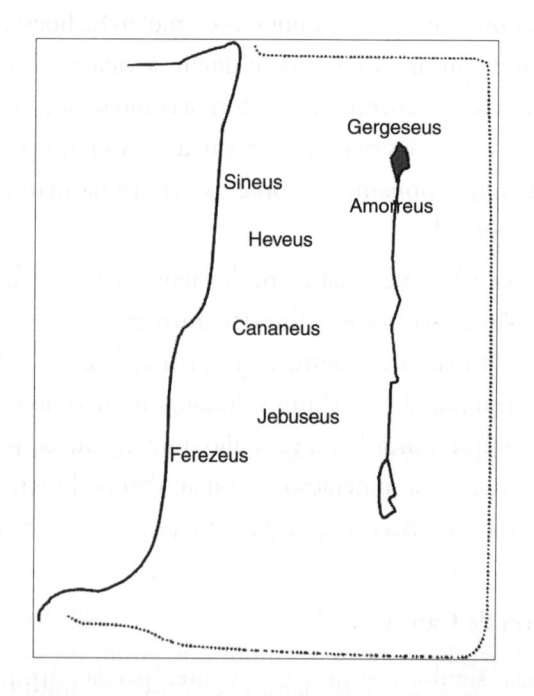

Esta lista de povos aparece diversas vezes, com os nomes alterados:

Doze listas com seis nomes, omitindo os heveus: Ex 3,8.17; 23,23; 33,2; 34,11; Dt 20,17; Js 9,1; 11,3; 12,8; Jz 3,5.

Aparecem outras listas com cinco nomes (Ex 13,5), com quatro (Nm 23,29), com três (Ex 23,28) e com dois (Dt 1,7).

Um aspecto é digno de nota: os invasores, neste caso os hebreus vindos do Egito, deveriam tratar as populações locais sem piedade e esmagá-las com toda a força (Dt 7,2-6).

Superfície: Aproximadamente 28.000km². Em 136 d.C., os romanos expulsam os judeus; em 320, Constantino manda construir algumas catedrais cristãs; em 636, os maometanos tomam a terra até 1948. Desde então, encontra-se dividida em duas partes: muçulmanos e judeus.

População em 2002: Aproximadamente 10 milhões de habitantes; sendo seis milhões de judeus e quatro milhões de palestinos. Os cristãos e estrangeiros que vivem na Palestina somam um contingente de 5% do total, mas diminui a cada ano em virtude da violência e insegurança.

Comprimento máximo: 270km, em linha reta (ou linha de avião).

Largura média: Entre o Mar Mediterrâneo e o Rio Jordão = 100km (tomando como referência a cidade de Jerusalém).

As chuvas: Estas coincidem com o período de inverno, aproximadamente quatro meses (entre dezembro e abril). Para a Palestina é importante que chova e haja neves fortes no oeste da Síria e do Líbano, pois a neve mantém as águas no período de estiagem. A agricultura está diretamente vinculada às águas do inverno. O aumento populacional e a baixa dos níveis dos rios que alimentam a região estão colocando em crise o abastecimento de água nos períodos do verão. Para os beduínos que vivem no deserto é importante que as chuvas reverdeçam os campos, e a umidade do orvalho se prolongue mais tempo, mesmo no verão, permitindo que a pequena relva continue viva e alimente as ovelhas e cabras. Para aproveitar as águas das chuvas eram construídas grandes cisternas subterrâneas, aproveitando a própria constituição do solo rochoso, e destas era tirada água para saciar a sede do gado e garantir a alimentação das populações.

Os rios: Há um único rio, o Jordão, que se origina da vazão do Lago de Genesaré (ou Tiberíades). O comprimento linear do Rio Jordão é de 104km, mas o seu percurso total é de 170km. O Rio Jordão, assim como o Lago de Genesaré, dependem das neves e das chuvas no Líbano. Quando chove pouco no inverno e a formação de neves é menor, o nível das águas do Lago de Tiberíades e do Rio Jordão fica comprometido. O Rio Jordão recebe pequena contribuição de outros dois rios do lado oriental, o Jarmuc e o Jaboc. As outras correntes hídricas são intermitentes e se limitam aos períodos das chuvas.

Os lagos: O Lago de Genesaré (ou Tiberíades), ao norte, tem um comprimento aproximado de 21km e uma largura média de 14km. Ele recebe as águas do altiplano do Líbano, mas está a cerca de 242m abaixo do nível do mar (Mediterrâneo). O Mar Morto está ao sul com o comprimento aproximado de 77km e uma largura média de 16km. Ele está a uma profundidade de 398m abaixo do nível do mar. As bacias do Lago de Genesaré, do Rio Jordão e do Mar Morto fazem parte de uma fenda geográfica, chamada Rift, que alcança as planícies do sul do Egito e a Etiópia.

Solo: Dois terços do solo é ambiente desértico, abrangendo toda a área sul (o Neguev e a Arabá). É mais pedregoso nas regiões da Samaria e Galileia, com níveis de umidade maiores devido à proximidade com o Líbano. Na Região Sul é seco e também pedregoso. Nos períodos de chuvas, as águas são represadas em pequenos canteiros e neles é feita a semeadura. O solo é fértil, mas não produz por falta de água.

Os montes da Palestina: Os montes eram também conhecidos como lugares de culto. Nas culturas antigas, os lugares altos eram muito utilizados como espaços sagrados em virtude da concepção de que estavam mais próximos das divindades. Os deuses moravam nos céus, na abóbada celeste, e os lugares altos eram mais adequados para fazer orações ou oferecer sacrifícios. Fora da Palestina podem ser apontados diversos montes ou lugares altos com esta importância religiosa e social. Entre eles estão o *Horeb* (Sinai), com 2.100m (Ex 3,1); o *Hermon* (Líbano), com 2.800m (Dt 3,8-9); e o *Ararat* (Armênia), com 5.100m (Gn 8,4; 2Rs 19,37).

Os montes importantes

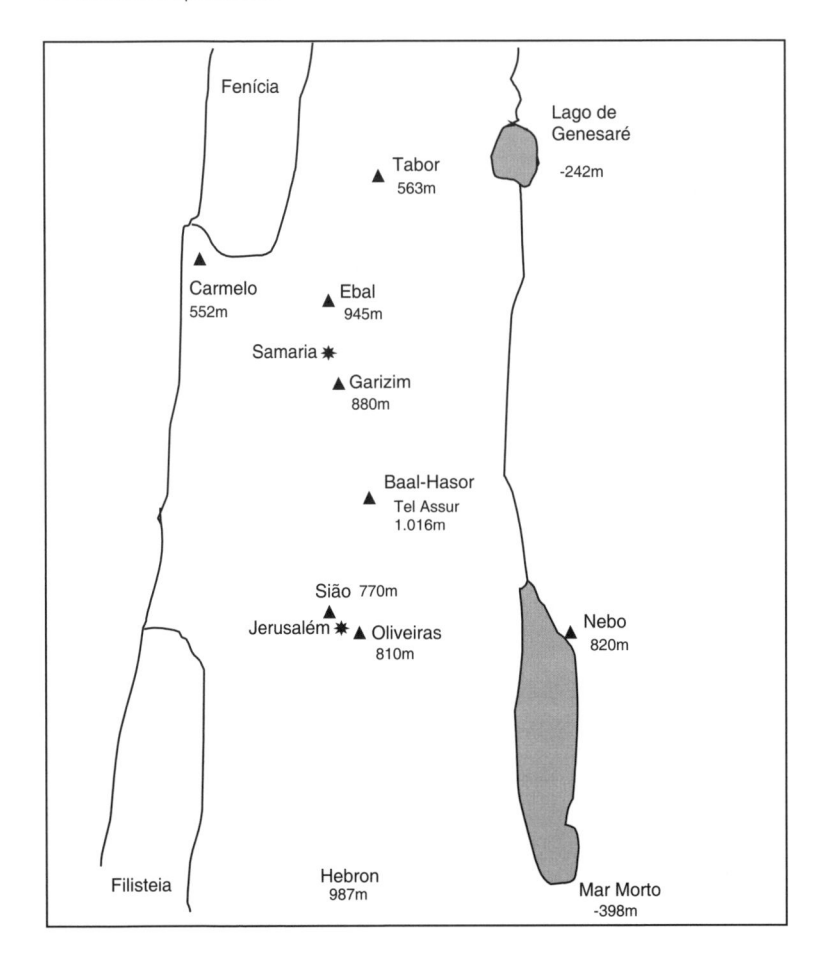

O clima: As temperaturas são relativamente estáveis para as duas estações principais (inverno e verão). A temperatura média máxima, no mês de agosto, que é o pico mais forte do verão, oscila entre 20 e 35 graus centígrados, sendo um pouco mais amena no norte da Galileia e mais acentuada no sul. O inverno mais rigoroso se dá no mês de janeiro, quando as temperaturas médias variam entre 7 e 15 graus, mas podem cair abaixo de zero e até nevar levemente nas proximidades de Jerusalém.

2.3 As principais distâncias

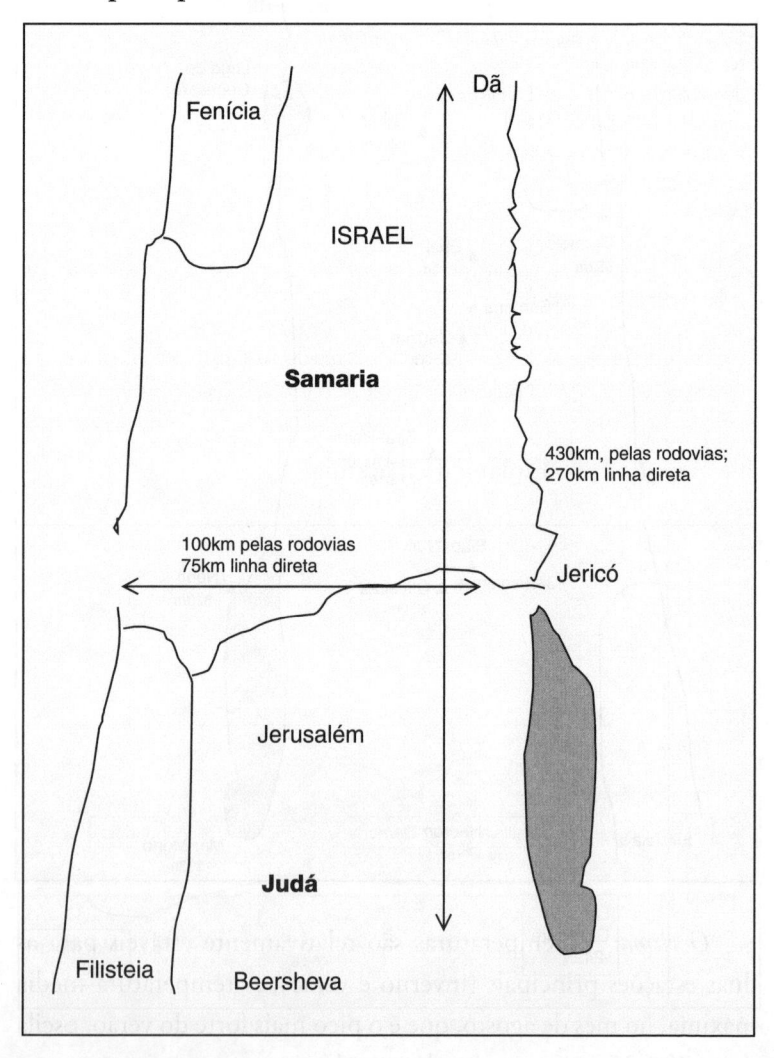

Verifique no mapa anterior as distâncias extremas laterais e longitudinais. Consideramos os limites laterais: a oeste, o Mar Mediterrâneo, e a leste, o Rio Jordão. Como limites extremos sempre eram considerados ao Norte: Dã, e ao Sul Beersheva. Hoje o limite sul é Eilat. No mapa veja as distâncias internas:

Nazaré – Ain Karem: o caminho de Maria para visitar Isabel = 145km
Nazaré – Jerusalém = 135km
Nazaré – Tiberíades = 32km
Jerusalém – Betânia de Lázaro = 5km
Jerusalém – Belém = 10km
Jerusalém – Jericó = 42km
Jerusalém – Hebron = 32km
Jerusalém – Ramallah = 13km
Jerusalém – Cesareia de Filipe = 226km
Lago da Galileia (de Genesaré, de Tiberíades): Comprimento de cerca de 21km e largura média de 14km.
Mar Morto: Comprimento de cerca de 77km e largura média de 16km.
Rio Jordão: Comprimento em linha reta de cerca de 104km, mas suas curvas o deixam com um comprimento aproximado de 170km.

2.4 Aspectos do altiplano da Palestina

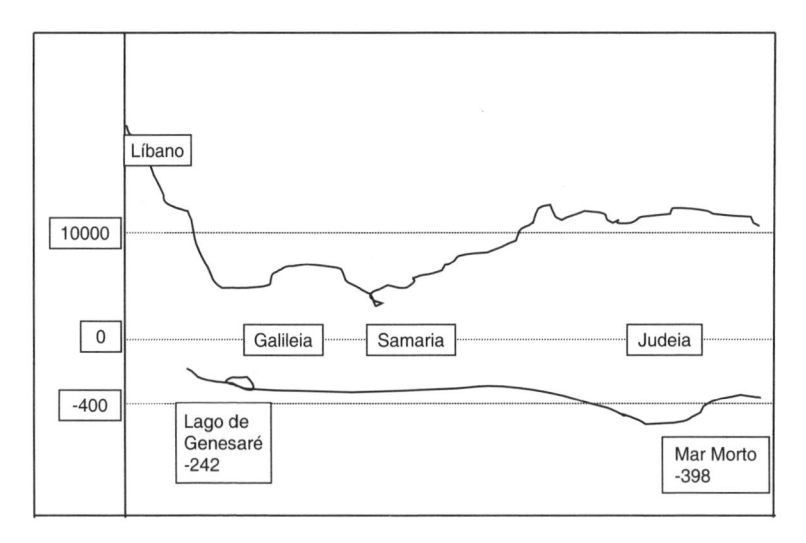

2.5 A linha do tempo

É muito importante se ater um pouco sobre esta linha do tempo. Veja como se situam os profetas, os reis, os personagens. Algumas vezes entre o personagem e o livro pode haver alguma distância, mas é sempre conveniente saber onde está o tema do livro, independentemente de sua forma de elaboração, dos esquemas de cópias e conservação do texto usado na transmissão do livro de geração em geração. A compreensão desta linha do tempo ajuda a entender a mensagem de muitos livros, de modo particular os proféticos e as grandes linhas de reflexão teológica e social dos sapienciais.

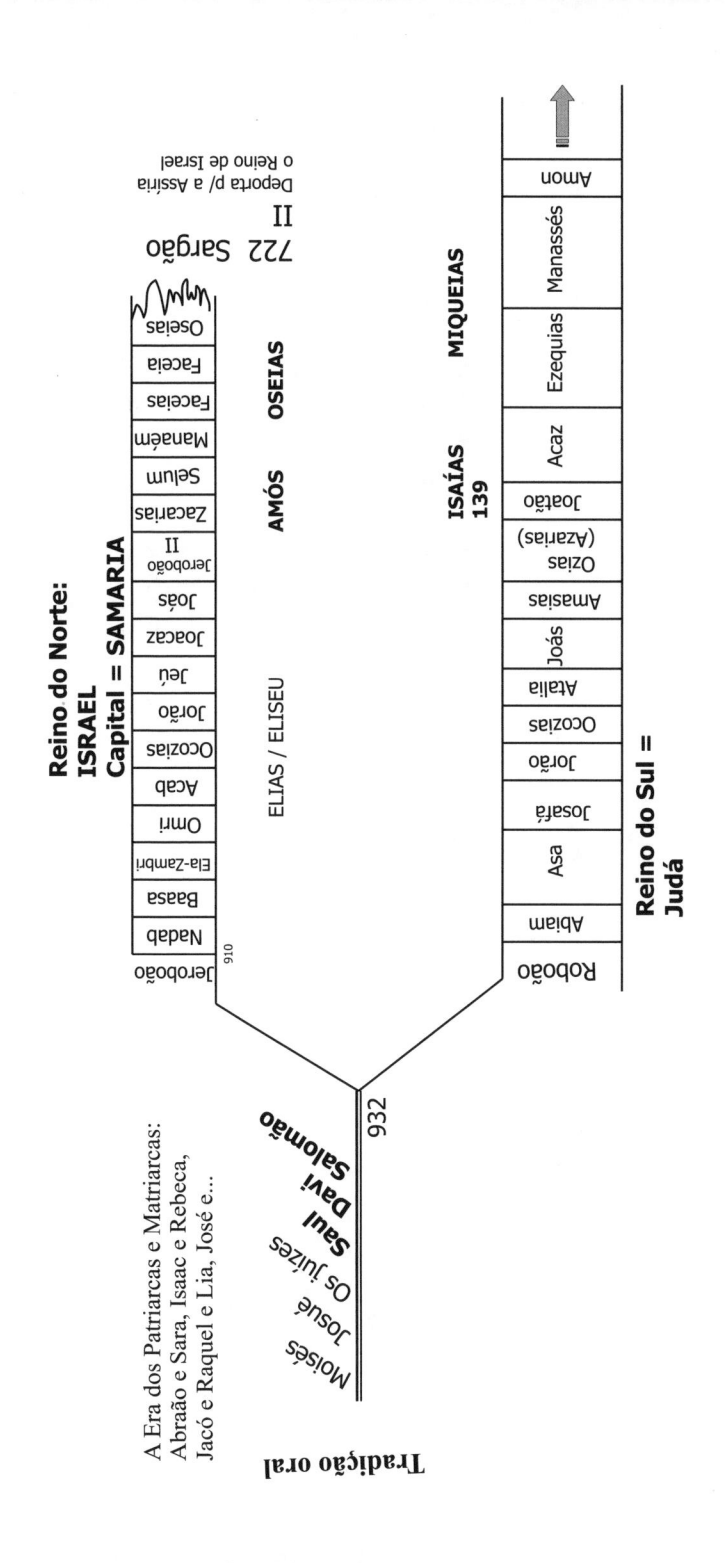

Nascimento de Jesus de Nazaré -6

Nascimento de Paulo, em Tarso 10

MORTE DE JESUS 27-30

61 Assassinato de Tiago Menor

43 Assassinato de Tiago Maior

37 Conversão de Paulo
36 ASSASSINATO DE ESTÊVÃO
31 PENTECOSTES

57 = Rm
56 = Gl
56 = 1-2Cor
51 1-2Ts

50 Coleção Q

70 Mc   **80 Mt** **85/90 Lc**   **90/100 Jo**

Tt   1-2Tm Tg   Ap

Ef; Fm   1Pd   Jd 2Pd

Cl   At   1-2-3Jo

ROMANOS

HERODES/GRANDE
Governador da Palestina
-37 a -4

47 = Primeira viagem de Paulo

49 = Concílio de Jerusalém

50/51 Segunda viagem de Paulo

53 Terceira viagem de Paulo

58 Prisão em Jerusalém e
transferência para Cesareia

60 Viagem para Roma

62 Viagem para a Espanha

64/67 Martírio de Pedro e Paulo
em Roma

85 Assemb. de JÂMNIA
Os judeus expulsam os cristãos
da sinagoga e decretam:
Maldito o que segue o Nazareno!

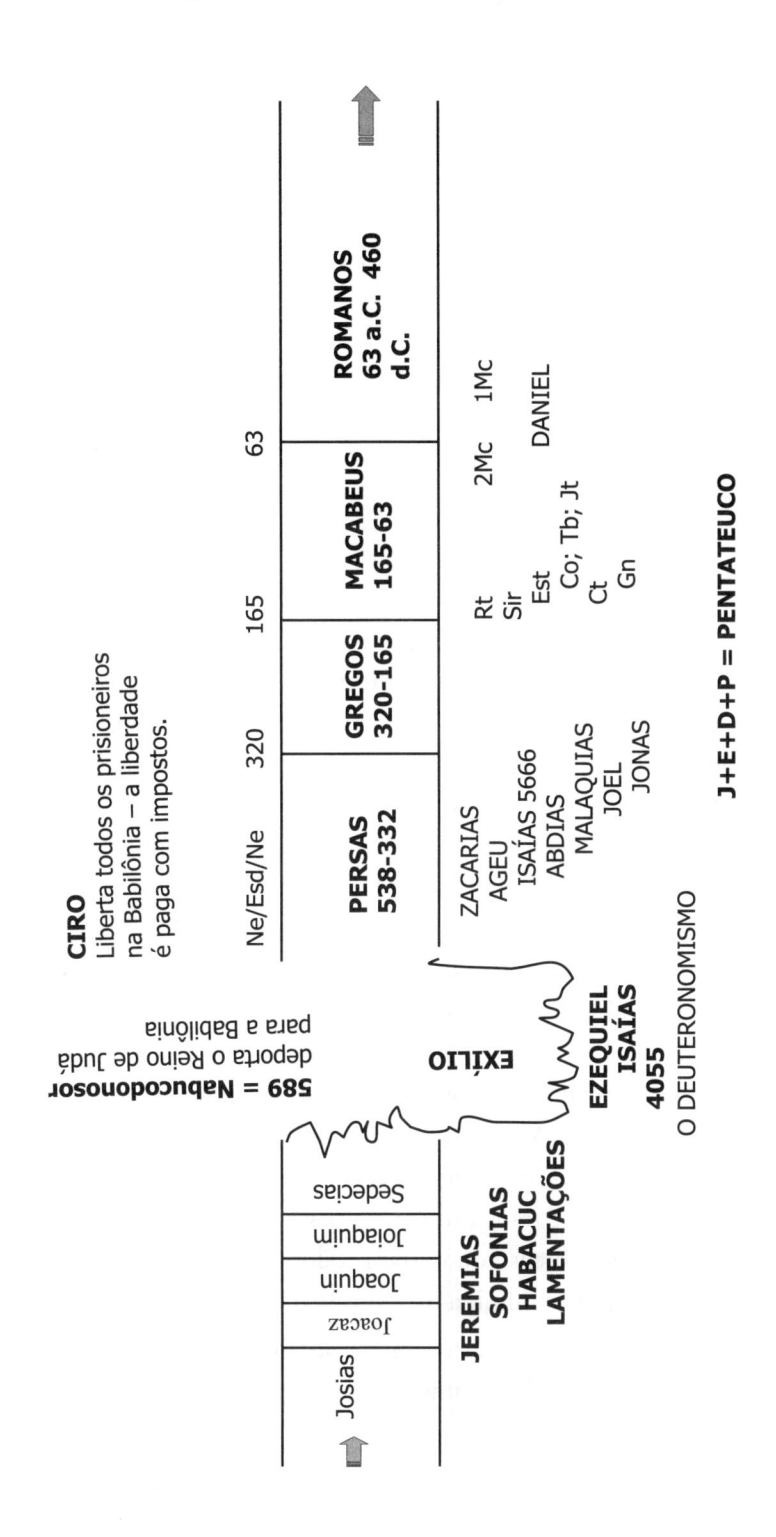

3
A formação do Povo de Deus
Entre 1250 e 1200 a.C.

3.1 Historiografia bíblica

Uma das chaves mais importantes para a interpretação dos livros presentes na Bíblia é compreender o processo de formação do povo de Israel nas terras de Canaã. Segundo o próprio texto bíblico, a história começa na migração de uma família, a família de Taré, pai de Abraão, que saiu de Ur dos caldeus e se deslocou para Harã. Depois da morte do patriarca Taré, a família, liderada por Abrão, migrou para Canaã. Depois de muitas idas e vindas, Abraão se estabelece em Canaã. Devido a um período de seca e de fome, seus descendentes, chamados de hebreus, migram para o Egito. Lá no Egito, os migrantes se transformam num povo grande e numeroso. Os egípcios, temerosos, escravizam os hebreus, obrigando-os a trabalhar na construção civil. Surge, então, um grande líder, chamado Moisés, que, após muitas peripécias, consegue conduzir o povo pelo deserto em direção a Canaã. Nesta travessia, aqueles hebreus se transformam no povo de Israel. Comandados por Josué, os hebreus conquistam todo o país de Canaã, numa campanha rápida e fulminante.

Esta é a história que encontramos nos livros de Gênesis, Êxodo, Números e Josué. No entanto, vários indícios dentro do próprio texto bíblico mostram que esta narrativa é mais uma visão teológica da história do que propriamente um relato histórico moderno. O povo de Deus não estava preocupado em transmitir a história tal como a concebemos em nosso tempo. Hoje consideramos *história* uma narrativa linear, fundamentada em fatos, datas, personagens e lugares históricos, comprovados pela arqueologia ou por muita documentação escrita. O povo de Deus não tinha esta visão histórica moderna. A preocupação deles era transmitir fatos que comprovassem que Deus era o condutor e o protetor do povo em seu processo histórico.

Quer dizer, então, que o texto bíblico está errado? Certamente que não. Nós é que hoje temos um sério problema quando consideramos como verdade apenas aquilo que pode ser comprovado historicamente com dados, fatos e datas. Desta forma, ficamos chocados quando descobrimos que muitos livros bíblicos, considerados como históricos, na verdade são narrativas míticas contando as origens maravilhosas do povo de Israel. A história presente na Bíblia não veio de livros didáticos, mas surgiu nas rodas de conversa, à noite, ao pé do fogo, relembrando os feitos antigos de gente que lutou pela liberdade do povo. Nestas rodas não importavam tanto as datas precisas, mesmo porque o calendário naquela época não era muito preciso. O mais importante era que os feitos mais importantes fossem transmitidos de geração em geração, para que não se perdesse a memória dos fatos e dos personagens antigos (cf. Sl 78,1-8). A grande preocupação do povo de Deus era a fidelidade a Deus e aos antepassados chamados por Deus.

Assim, quando buscamos na Bíblia fatos históricos dentro da nossa mentalidade moderna, temos que aprender a ler por trás das palavras. As palavras presentes na Bíblia são frutos de um longo exercício de memória coletiva. Elas não contam tudo! São apenas um começo para lembrar ao historiador, o narrador ou a narradora de histórias, como as coisas se passaram. A Bíblia, antes de ser escrita, foi vivida, contada, relembrada, narrada, celebrada. Para eles, a presença do Deus da vida, principal personagem nestas histórias, era muito mais importante do que qualquer exatidão histórica.

Por isso mesmo, quando buscamos reconstruir a história a partir dos dados presentes na Bíblia, temos que ter em mente que o texto não caiu pronto do céu. Ele é fruto de um longo processo de elaboração, passando por muitas mãos, antes de ficar como está hoje registrado nos livros. Para que este trabalho de reconstrução da história seja possível, temos que entender como era a sociedade onde surgiu um povo, o povo de Israel.

3.2 O país de Canaã

O povo de Israel surgiu num determinado espaço geográfico: o cobiçado corredor de passagem entre as duas grandes potências da época. Do lado ocidental estava a civilização egípcia no Vale do Nilo. Uma civilização antiga, exuberante e poderosa. Do lado oriental, a civilização mesopotâmica, ocupando os vales dos rios Tigre e Eufrates. Também ela uma civilização muito antiga, exuberante e poderosa. A ligação entre estas duas potências eram as rotas comerciais que atravessavam uma pequena faixa de terra entre o Mar Mediterrâneo e o deserto. Esta pequena faixa de terra era o país de Canaã.

Sendo um corredor estratégico, Canaã sempre foi objeto de disputa entre as grandes potências. O Egito ocupou Canaã durante muito tempo. Nos arquivos administrativos egípcios, Canaã era considerada uma província egípcia. Para o império do faraó, o Monte Carmelo era a fronteira norte do poderio militar egípcio. Mas apesar de pertencer ao Egito, Canaã estava sob a influência cultural mesopotâmica. Desta forma, Canaã nunca foi uma unidade política, mas uma vasta rede de cidades-estado, usando a escrita cuneiforme e uma legislação herdada das cidades-estado da Mesopotâmia.

As cidades de Canaã eram independentes, governadas por um rei local e controlando um determinado número de aldeias e casas camponesas. A cidade era cercada por uma muralha que protegia as três principais estruturas urbanas: o palácio do rei, que concentrava a burocracia, as taxas e impostos, a administração; o quartel, onde estavam guardados os carros de guerra que controlavam a população rural; e o templo da cidade, geralmente dedicado ao deus semita Hadad, que era mais conhecido pelo nome de Baal, palavra que significa "proprietário, dono".

Depois de deter o avanço dos povos hititas, o Egito passou a controlar todo o corredor de Canaã. Assim, quem realmente mandava nas cidades da região era o faraó, rei do Egito. Como estas cidades faziam parte do império, deviam pagar tributos ao faraó. Estes tributos geralmente eram pagos em espécie. As cidades enviavam ao Egito trigo, cevada, óleo de oliva, azeitonas, frutas secas, vinho, ovelhas e gado. Mas o tributo também poderia ser pago em corveia, ou seja, trabalhos forçados na construção civil. Três meses ao ano cada camponês deveria se apresentar ao capataz para trabalhar na construção de casas, palácios, templos, muralhas, quartéis, depósitos etc. Esta política tributária exigida pela administração egípcia desequilibrava o estilo de vida das casas dos camponeses em Canaã. Ficamos sabendo destas tensões sociais em Canaã através de uma série de cartas-relatório enviadas pelos reis das cidades ao faraó. Estas cartas foram encontradas num palácio real egípcio na cidade de Amarna. Por isso mesmo, elas são conhecidas como as cartas de Amarna. Estes relatórios foram enviados ao Faraó Amenófis IV, entre 1379 e 1362 a.C.

A unidade social básica em Canaã era a casa da família camponesa. As casas dos camponeses eram autônomas. Isto significa que elas produziam tudo o que era necessário para seu sustento. Não tinham necessidade de mais nada. No entanto, as cidades obrigavam, por meio dos tributos garantidos pelas forças armadas, que os camponeses trouxessem seus produtos para a cidade. Sem o tributo dos camponeses, a cidade não tinha o que comer nem com o que pagar ao rei do Egito. Desta forma, toda a carga tributária exigida pelo faraó recaía sobre as casas dos camponeses cananeus.

Na verdade, a propriedade da terra era familiar, ou seja, a terra pertencia a uma família que a cultivava e assim sobrevivia. A título de proteção, o rei da cidade exigia que a casa enviasse o tributo para a cidade. Assim, nominalmente, as terras cultiváveis ao redor de uma cidade pertenciam ao rei da cidade. A casa que não enviasse o tributo era cercada pelos carros de guerra do rei. Após pagar o tributo e garantir as sementes para o plantio do próximo ano, sobrava pouco mais que o suficiente para a casa sobreviver. Desta forma os camponeses, apesar de sua autonomia, viviam oprimidos pelos reis. Estes, por sua vez, prestavam vassalagem ao faraó.

Evidentemente, tal situação levava os camponeses a criar resistência ao sistema das cidades que desestruturava seu modo de vida. Pelas cartas-relatório de Amarna ficamos sabendo da existência de bandos de camponeses armados que enfrentavam as tropas dos reis. Estes guerrilheiros eram chamados de *hapirûs*. Em bandos independentes (cf. 1Sm 13,3), os hebreus reuniam gente endividada que não podia pagar suas dívidas, gente que foi expulsa de suas terras pelas tropas do rei, gente cuja casa não tinha mais comida com que sustentar toda a família (1Sm 22,2).

Outra maneira de a casa camponesa resistir era a não aceitação da religião imposta pelas cidades. Nas cidades, o templo dedicado ao deus Baal era um grande centro arrecadador de tributos. Baal era uma divindade semita bastante complexa. Sendo o protetor da cidade, protegia o rei e os soldados. Desta forma era também o deus da guerra e o protetor dos carros. Símbolo da força, era o deus da tempestade, do raio e do trovão, garantindo as chuvas necessárias para o plantio. Confundindo-se com a vegetação, Baal era o deus da agricultura, da semente, das plantações. Portanto, caso a família conseguisse uma boa colheita, parte desta colheita deveria ser trazida ao templo de Baal em agradecimento pela fertilidade da terra e por as chuvas terem caído no tempo certo. A religião da cidade era um importante fator no controle das famílias camponesas. No processo de resistência, as famílias camponesas de Canaã não aceitaram mais a divindade urbana opressora de Baal, valorizando suas divindades familiares (cf. Jz 17,1-6).

Conforme o texto bíblico, encontramos também outras famílias que resistem ao estilo de vida determinado pela cidade. A Bíblia narra que pastores migrantes, como as famílias de Abraão, Lot e Isaac, viviam nas estepes. Estas estepes eram terras situadas entre o deserto e as terras cultiváveis rodeando as cidades. Houve muita luta entre estes pastores e as cidades (cf. Gn 34). Não sabemos bem todos os fatos históricos. O que sabemos é que, a partir de 1250 a.C., o Egito começa a perder o controle sobre Canaã. Problemas internos levam as tropas egípcias a abandonar Canaã, deixando desprotegidas as cidades-estado. Os bandos de *hapirûs* se tornam mais fortes, provavelmente reforçados pelas famílias dos pastores. Algumas cidades são destruídas. No final de todo este processo surge em Canaã um povo novo e diferente: o povo de Israel. Um monumento egípcio de 1220 a.C., erigido pelo Faraó Merneftá, fala que nas montanhas de Canaã existe agora um povo chamado de "Israel". Como teria surgido este povo novo nas montanhas? Afinal, um povo não cai do céu de paraquedas!

3.3 O surgimento do povo de Israel

Percebemos, através de uma leitura cuidadosa do texto bíblico, que diferentes grupos se unem na formação do povo de Israel. Algumas ciências modernas, como a arqueologia, a antropologia e a sociologia nos ajudam nesta tarefa de busca das origens do povo de Israel. Com a ajuda destas ciências, podemos esboçar algumas teorias que possibilitam esta compreensão.

Escavações arqueológicas feitas hoje em Israel mostram que, num período entre 1250 e 1200 a.C., várias cidades cananeias foram queimadas e que estas cidades ficaram abandonadas por muito tempo. O que a arqueologia atesta é que o sistema urbano em Canaã entrou em colapso e as cidades não foram reconstruídas. Este desaparecimento de uma cultura urbana permitiu que os vários grupos resistentes pudessem se organizar dentro de um sistema diferente, mais descentralizado e participativo. Não sabemos qual foi o grupo numericamente mais importante. Dentre estes grupos, a proposta de vida era muito mais importante que o número. O texto bíblico dá mais importância ao grupo de escravos que fugiram do Egito, e este, sem dúvida, não era o mais numeroso. No entanto, era o grupo com mais vivência e mais tradição de luta. Já vimos também a existência das famílias dos pastores e dos bandos de *hapirûs* em Canaã. Vamos ver estes grupos mais de perto.

3.3.1 Os escravos fugitivos ou o grupo de Moisés

Já sabemos que, por um largo espaço de tempo, Canaã pertenceu ao Império Egípcio e que uma das maneiras de Canaã pagar tributo ao Egito era através de trabalhos forçados na construção civil. Este tipo de tributo era chamado de corveia. A corveia consistia num grupo de camponeses que ia para a cidade durante um certo espaço de tempo, geralmente três meses ao ano, e trabalhava nas construções determinadas pelo governo (cf. 1Rs 5,27-32). Durante o tempo da dominação egípcia, muitos camponeses cananeus foram deportados para o Egito para trabalhar na corveia.

O texto bíblico também fala que, durante longos períodos de seca, muitas famílias de pastores buscavam o Egito. Além da abundância de água proporcionada pelo Rio Nilo, o Egito também era uma sociedade mais organizada onde estes pastores poderiam conseguir trabalho em troca de comida. Como o sistema egípcio era centralizado e todas as terras pertenciam ao faraó (cf. Gn 47,13-26), na verdade estes pastores tinham que trabalhar para o faraó. O faraó empregava os migrantes nas grandes obras de construção pública, tais como cidades e monumentos. Além dos deportados e dos migrantes, os egípcios também empregavam na corveia prisioneiros políticos, como os *hapirûs*. Para definir este conjunto de trabalhadores escravizados pelo sistema egípcio, a Bíblia usa a palavra *hebreu* (cf. Ex 1,15). Os hebreus são todos os escravos que vivem no Egito, trabalhando nas cidades do faraó.

Por volta de 1250 a.C., o Império Egípcio, tendo vivido os dias de glória no longo reinado de Ramsés II (1290-1228 a.C.), começa a entrar em declínio. Vivendo tensões internas, Ramsés II começa a exigir aumento da carga de trabalho, tendo em vista a ampliação do sistema de arrecadação de cereais em cidades-depósito. Muitos hebreus são obrigados a construir as cidades-depósito de Pitom e Ramsés (Ex 1,11). Este aumento da carga de trabalho foi a origem de uma revolta dos escravos liderados por Moisés.

Moisés era hebreu de nascimento, mas seu nome é egípcio. Provavelmente conhecia a corte do faraó, segundo o relato bíblico (cf. Ex 2,10). Não suportando a opressão sobre seus irmãos hebreus, Moisés reúne outros líderes e organiza a resistência à política opressora do faraó (Ex 5). Começa, então, uma luta desigual, cujo desfecho não deixa de ser impressionante. No final, este grupo de escravos consegue fugir, abandona a opressão do Egito, atravessa o deserto e entra livre em Canaã.

Por esta experiência de vencer a luta no coração do sistema opressor, o grupo de Moisés tornou-se o mais importante na formação do povo de Israel. A luta dos hebreus escravizados foi considerada o fator de aglutinação dos vários grupos que formaram Israel. Afinal, todos os grupos sabiam que tinham que enfrentar e vencer o sistema do faraó. Todos tinham que "sair do Egito"!, mesmo os que nunca tinham sido levados como escravos para lá. "Sair do Egito" significava resistir, enfrentar e vencer o sistema opressor que escravizava e matava. "Egito" passa a ser mais do que uma questão geográfica. Na verdade, representa o sistema opressor contra o qual todos devem lutar e vencer. O grupo de escravos fugitivos ensinava que liberdade não se ganha, mas se conquista! O opressor nunca concede liberdade. É preciso lutar para alcançar a liberdade. Desta forma, "sair do Egito", ou seja, vencer o sistema opressor, passou a ser a condição básica para ser "israelita".

Uma contribuição importante que este grupo trouxe foi a devoção ao Deus Libertador, o Deus dos hebreus (Ex 3,16-20). Foi este Deus quem venceu todos os deuses egípcios, protetores do faraó e de todos os opressores do sistema egípcio. Os hebreus lutaram com a certeza de que um Deus Libertador lutava ao lado deles, com mão poderosa e braço forte. A devoção a este Deus sempre foi acompanhada de um grito de liberdade: "Foi Ele quem te tirou do Egito, da casa da escravidão!" (Dt 6,12).

A jornada deste grupo de escravos em direção a Canaã não foi fácil. Na sua fuga, eles precisavam evitar as movimentadas rotas comerciais do litoral. Eram estradas com postos de guarda, guarnições do exército e muito movimento de caravanas. O grupo então enveredou pelo deserto do Sinai tentando chegar a Canaã pela estrada que ia do Mar Vermelho até Damasco, do outro lado do Rio Jordão. Foi uma jornada com muitas peripécias (cf. Nm 20–21). Esta travessia tornou-se um paradigma, um exemplo para todo o povo. Em grego, esta travessia chamou-se "caminho de saída" (*ex* + *'odos*). Todos os grupos deveriam passar pelo "êxodo" em direção à Terra Prometida por Deus aos antepassados. Embora tendo liderado o grupo em direção a Canaã, o texto bíblico diz que Moisés morreu sem ter chegado à Terra Prometida (Dt 34,1).

3.3.2 Os grupos do deserto ou o grupo de Jetro

Na parte sul de Canaã, beirando o deserto de Sin e do Sinai, encontramos o oásis de Cades. Esse lugar é muito citado na Bíblia (cf. Dt 1,19). Sinal de que era um lugar muito importante na memória do povo. O texto bíblico narra que Moisés, antes de começar sua luta no Egito, fugiu para a terra de Madiã onde se casou e passou a trabalhar para seu sogro Jetro. Jetro (cf. Ex 18,1) não era o único líder deste grupo, mas uma figura que identificava muitos grupos. Desta forma, o sogro de Moisés passa a ter muitos nomes no texto bíblico, como Ragüel (Ex 2,18) e Hobab (Nm 10,29). Estes três nomes podem sugerir outros grupos que viviam em Cades, como os quenitas (cf. Jz 1,16), e que seguiram em direção a Canaã com os escravos fugitivos (1Sm 15,6). O que havia de comum a todos estes grupos do deserto é que eles também resistiam às cidades e ao sistema do faraó.

Não sabemos bem quando houve a fusão entre o grupo de Jetro e o grupo de Moisés. Mas este grupo do deserto deixou uma forte marca no povo de Israel. Foi Jetro que ensinou a Moisés uma forma de governo descentralizada, onde o poder seria exercido através de lideranças transitórias. Todo o sistema de poder do faraó era centralizado em mãos de uma liderança vitalícia. Jetro propõe um sistema diferente, com leis e normas participativas. Na fusão dos dois grupos começa a surgir uma coisa nova, um sistema novo, descentralizado e participativo (Ex 18,13-27).

Com a fusão destes dois grupos, houve também uma fusão de divindades. Provavelmente foi o grupo de Jetro/Ragüel/Hobab que trouxe uma divindade relacionada com a montanha do Sinai. Esta divindade chamava-se *YaHWeH - Javé*. Não sabemos o sentido exato desta palavra. Javé não é um nome próprio, mas um tempo verbal. Na língua hebraica não existe, como em português, a diferença verbal entre *ser* e *estar*. Um mesmo verbo define estes dois estados. Assim, Javé tanto pode significar "Aquele que *é*" como "Aquele que *está*". Olhando o texto que narra a revelação do nome de Deus em Ex 3, vemos que Deus diz para Moisés: "Vai, porque *eu estou contigo*!" Assim, a melhor tradução para Javé é "Aquele que certamente está". Vários textos bíblicos mostram que o maior pecado que o povo de Israel pode cometer é duvidar da presença de Deus ao seu lado durante a travessia (Ex 17,7). Até hoje nós dizemos em nossas celebrações: "Ele está no meio de nós!" Com a fusão dos dois grupos, o Deus Libertador passa a ser chamado simplesmente Javé.

3.3.3 Os camponeses revoltados e as famílias de pastores em Canaã ou o grupo de Abraão

Quando estes grupos venceram a travessia e chegaram a Canaã, encontraram o país mergulhado numa situação de revolta social. As tensões entre cidades e aldeias tinham chegado ao ponto de ruptura e a revolta dos camponeses estava vencendo as cidades. Muitas cidades tinham sido destruídas. O exército egípcio não conseguia mais manter a situação e os reis das cidades-estado estavam desprotegidos. Provavelmente durante a luta houve uma fusão entre os bandos de *hapirûs* em Canaã com os grupos de famílias de pastores, as famílias de Abraão, de Isaac e de Jacó. O texto bíblico identifica Abraão com os hebreus (cf. Gn 14,8-13). Todos estes grupos tinham em comum a luta contra o sistema de cidades-estado que espoliava a todos (cf. Gn 14).

As aldeias de agricultores não tinham como aceitar a imposição das cidades. Obrigados a trabalhar para garantir a vida na cidade, os agricultores percebiam que suas reservas e sua sobrevivência estavam ameaçadas pela ganância das cidades, sendo obrigados a pagar pesados tributos, tais como grãos, feno para os cavalos, peças para os carros de guerra, gente para o trabalho forçado, mulheres para a corte real. A cidade sugava a aldeia gerando pobreza e miséria. Desta forma, a aldeia não podia mais garantir o suprimento dos dependentes, tais como órfãos, viúvas, doentes e idosos. Vencer e destruir a cidade era garantir a sobrevivência da aldeia camponesa e de todos os que nela moravam.

A revolta dos camponeses e famílias de pastores levou à derrocada o sistema das cidades em Canaã (Jz 12,7-24). Neste vazio de poder urbano surge o povo de Israel. A palavra *Israel* significa "É Deus quem luta" (Gn 32,29). Sinal de uma divindade que luta ao lado dos camponeses. As famílias de pastores permaneceram fiéis às suas divindades caseiras (cf. Gn 14,22; 34,46; Ex 3,6). A Festa da Páscoa, a imagem e as orações dirigidas a Deus como "o pastor de Israel" (cf. Sl 23,1; 80,2), mostram o quanto foi importante a contribuição dos pastores na religião de Israel. Até hoje a devoção dos pastores é forte na nossa vivência religiosa.

3.3.4 A fusão dos grupos básicos

Não sabemos como se deu a fusão definitiva destes três grupos básicos. Sabemos, no entanto, que houve outros grupos que entraram posteriormente a esta fusão básica e se estabeleceram em Israel, como os gabaonitas (Js 9,3-18), a tribo de Benjamim (Jz 20,12) ou grupos de edomitas (Gn 36,20-29). Mas, aos poucos, desta fusão de grupos tão distintos vai surgindo nas aldeias, agrupadas em tribos, a consciência de que todos agora pertencem ao povo de Israel, o povo libertado pela força de Deus (Sl 44,4). Com a fusão de todos os grupos, Javé é o Deus Libertador que luta por Israel e liberta todos os grupos da opressão do faraó. Este passa a ser o novo conteúdo da festa pastoril da Páscoa.

Israel não tinha fronteiras fixas, mas o povo se identificava territorialmente através de uma rede de santuários nas montanhas centrais de Canaã. O povo de Israel tinha consciência de que seu país ia desde o santuário mais ao sul, Bersabeia, até o santuário mais ao norte, Dã (cf. 1Sm 3,20). Alguns santuários eram centrais como Silo (1Sm 4,4), onde ficava a arca da aliança, os santuários de Betel (Gn 28,19) e de Masfa (1Sm 10,17), centro das tribos de Efraim e Manassés, e o santuário de Hebron (2Sm 2,1), centro da tribo de Judá. O povo de Deus ocupou este espaço conquistado na luta libertadora e passa a implantar uma nova maneira de viver em sociedade. É o que veremos no período dos juízes.

A rota dos patriarcas

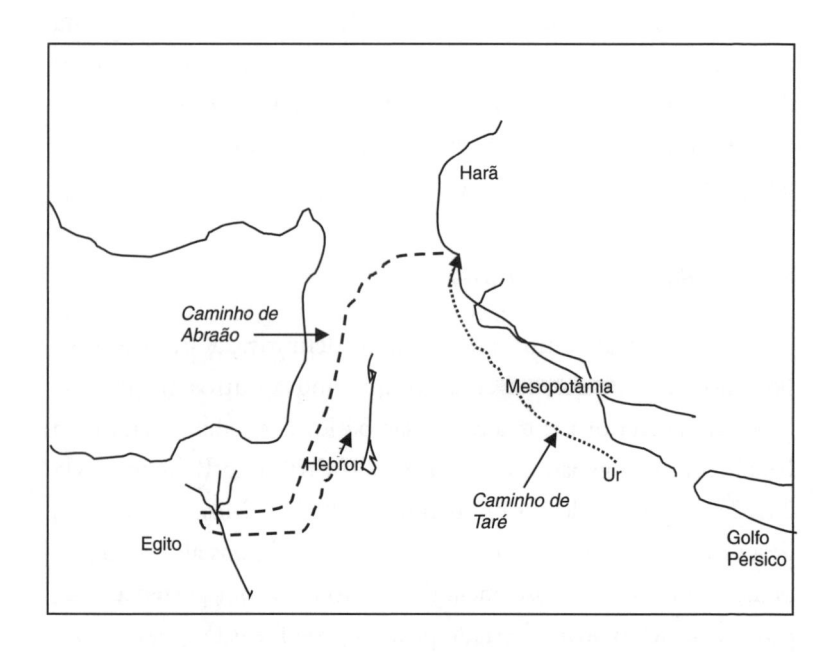

3.4 A literatura desta época

Alguns autores afirmam que a literatura só pôde surgir com a presença de uma infraestrutura capaz de sustentar a classe dos escribas. Com isso, querem afirmar que antes do surgimento da monarquia não havia literatura em Israel. Ou, ainda, que a literatura depende dos escribas das cidades. Temos que nos afastar desta posição. Em primeiro lugar, as cartas-relatórios dos reis cananeus ao faraó, conhecidas como Cartas de Amarna, mostram o desenvolvimento de uma bem treinada classe de escribas em Canaã, ocupando a rede de santuários. Toda a escrita era em caracteres cuneiformes, o que mostra a dependência destes escribas da cultura mesopotâmica. Destes santuários os israelitas herdaram muitas leis, tais como as relacionadas ao uso dos bois (Ex 21,28-36).

Mas a Bíblia também informa sobre livros antigos que se perderam. O roteiro do êxodo estava registrado num livro chamado Livro das Guerras de Javé (Nm 21,14), uma coleção de poemas de guerra contando os feitos relacionados com a conquista da terra de Canaã. Sabemos também da existência do Livro do Justo (Js 10,13-14; 2Sm 1,18), uma coleção de poemas épicos narrando fatos relacionados ao êxodo e à conquista da terra. Estes dois livros não foram preservados pelos sacerdotes quando eles fizeram a redação final do Pentateuco, no século V a.C. Assim, eles se perderam na história.

Outro tipo de literatura que surge nesta época são as tradições tribais preservadas pelos contadores de histórias. Um bom exemplo destas tradições são o hino de Libertação de Maria (Ex 15,21), o Cântico do Poço (Nm 21,17-18), a história do surgimento dos povos vizinhos (Gn 19,30-38), as tradições patriarcais e matriarcais. Estas tradições eram orais, e assim foram transmitidas de geração em geração. Posteriormente foram sendo compiladas e preservadas em santuários israelitas, tais como o santuário de Hebron, da tribo de Judá, relacionado com as tradições de Abraão, ou o santuário de Bersabeia, da tribo de Simeão, relacionado ao patriarca Isaac. Aos poucos, estas tradições, ligadas a uma determinada tribo, passaram a fazer parte da história de todas as tribos.

4
O período dos juízes
Entre 1200 e 1000 a.C.

4.1 Uma nova nação

Vimos como surgiu, numa revolta social reunindo vários grupos nas montanhas de Canaã, o novo povo de Israel. Em seguida, Israel pôde sobreviver devido a uma série de fatores externos favoráveis. A partir de 1250 a.C. o Novo Império egípcio entra numa crise da qual jamais sairá. Invadido por povos vindos do mar, o Egito nunca mais será uma grande potência no Crescente Fértil. A maré virava favoravelmente para os estados semitas que tinham se estabelecido nos vales dos rios Tigre e Eufrates. Mas, no momento, o futuro Império Assírio ainda começa a engatinhar. Terá que vencer muitos desafios internos e externos até que possa ameaçar o novo país de Israel.

Este vazio de uma potência dominando o Oriente Médio possibilitou o surgimento de uma série de pequenos reinos independentes. Todos os estados naquela época reproduziam um determinado modelo sociopolítico: as monarquias centralizadas, onde a população rural era dominada a partir de uma cidade. O rei era ao mesmo tempo o comandante em chefe das forças armadas, o supremo juiz, o supremo legislador e o sumo sacerdote da religião. A cidade concentrava todos os poderes. Através do palácio, o rei assegurava as arrecadações de taxas, impostos, pedágios e tributos. O quartel concentrava um exército de mercenários muito bem pagos. Os templos atraíam os fiéis para a religião de dominação, espoliando-os com oferendas e tributos. Todo o poder estava concentrado nas mãos do rei, uma liderança vitalícia. Ora, no meio de todas estas nações surge Israel com uma organização oposta: uma rede de tribos, uma confederação descentralizada – já que não havia uma grande cidade israelita – governada por um juiz, uma liderança temporária. Surge um tipo novo de sociedade.

Esta maneira nova de organização não foi pacífica. Israel encontrou muitos desafios, internos e externos, para manter sua proposta sociopolítica. Não é fácil viver em liberdade. A tentação de pedir um poder que dê segurança sempre foi muito grande nas sociedades humanas. Até hoje é assim! Mas por um espaço de duzentos anos, entre 1200 e 1000 a.C., Israel conseguiu vencer todos os desafios e manter seu projeto social participativo e descentralizado. Foi uma grande vitória do povo de Deus.

Não sabemos exatamente como foi o processo que levou Israel a ter consciência de ser uma nação. Com o desaparecimento do poder centralizado nas cidades, as casas dos camponeses se agruparam em instituições locais. Geralmente as casas se agrupavam a partir de santuários comuns. A rede de santuários rurais nas montanhas, ligados por uma estrada no sentido norte-sul, ajudou muito neste processo. Com o tempo, a consciência de que ser israelita era cultuar a Javé em um santuário entre Dã e Bersabeia foi se estabelecendo. Mas esta consciência só vai aparecer plenamente no final do período dos juízes (cf. 1Sm 3,20).

Entre estes santuários, alguns se destacavam por sua importância. Eram santuários que já apontavam para uma certa identidade nacional. Assim, o santuário de Silo era um importante centro de romaria porque lá estava guardada a arca da aliança (Js 18,1). O santuário de Masfa era um importante lugar de assembleias tribais

(1Sm 7,5). O santuário de Siquém lembrava a aliança (Js 24). O santuário de Betel era um importante local de romarias e durante muito tempo foi o principal santuário israelita, vinculado à memória do patriarca Jacó (Gn 28,19). O santuário de Hebron era o centro da tribo de Judá e estava vinculado à memória do patriarca Abraão (Gn 13,18). Aos poucos estes santuários passaram a ser focos de identidade nacional atraindo israelitas de todas as tribos.

Os principais santuários

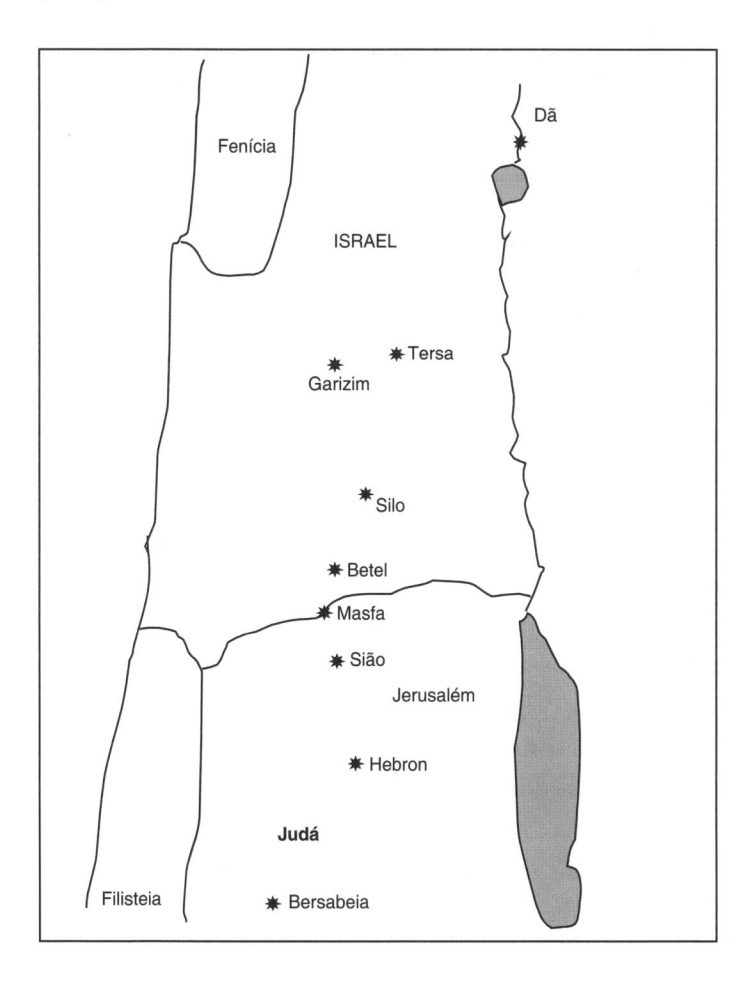

4.2 A organização tribal

Dentro da estrutura socioeconômica em Israel, o espaço social mais importante era a casa, a família patriarcal, o clã. Estas casas eram o primeiro espaço da identidade de um israelita. Ser alguém em Israel significava pertencer a uma "casa do pai". As estruturas da casa estão na origem de importante literatura bíblica. A preocupação da casa com a segurança de seus membros levou a família a preservar a sabedoria popular necessária para garantir a vida de todos. Da mesma forma, as disputas nos portões levou a uma lenta elaboração de leis que garantissem o direito de todos na defesa e na preservação da vida.

Estas antigas leis foram preservadas e sistematizadas nos santuários aos cuidados dos levitas. Temos algumas destas leis nos diferentes códigos legais preservados na Bíblia, como o Código da Aliança (Ex 20,22–24,18), o Código Litúrgico (Ex 34), o Código de Santidade (Lv 17–26) e o Código Deuteronômico (Dt 12–26). Estes códigos ficaram prontos em épocas mais tardias, mas preservavam algumas leis que podem ser datadas da época dos juízes.

Através destas leis percebemos que a sociedade na época dos juízes era descentralizada. Isso significa que não havia cidades capazes de manter a estrutura necessária para um Estado. Ao contrário da época dos cananeus, não havia cidade-Estado dentro da confederação de tribos israelitas. Em consequência, também não havia um palácio governamental que administrasse a burocracia, não havia um templo estatal que centralizasse o culto, não havia um exército permanente, comandado por um rei, controlando as aldeias. As tribos se organizaram sem cidades, sem templos, sem palácios, sem rei. Naquela época não havia reis em Israel e cada um fazia o que era necessário. Caso houvesse alguém na chefia, este chefe deveria ser igual aos outros, considerado como "irmão do povo" (cf. Ex 18,21; Nm 11,16-17).

Fazer uma opção por uma sociedade descentralizada e participativa exigia que houvesse canais de mobilização popular diante de qualquer dificuldade. A prática da justiça dependia dos juízes itinerantes. Quando um inimigo avançava para dominar Israel, era o povo em armas quem defendia o país. O comando do exército popular cabia a um líder (Jz 11,1) ou a uma líder que convocasse as tropas. Passadas as dificuldades, o líder deveria dispensar os soldados com o grito: "Volte para tuas tendas, ó Israel" (2Sm 20,1). Manter um exército mercenário permanente era uma tentação muito grande para um possível golpe de estado (cf. Jz 8,22-23).

A base social que permitiu o surgimento de uma sociedade descentralizada era o estatuto da terra. A terra em Israel não pertencia ao rei. A terra pertencia a Javé e foi dada em herança para as famílias que nela trabalhassem (cf. Js 1,15; 21,43). Desta forma, a terra não podia ser vendida nem comercializada. A terra era de propriedade familiar, passada de geração em geração (1Rs 21,3). Nela estavam enterrados os antepassados. A pessoa estava ligada à terra de sua família. E a família não poderia ser retirada de suas terras. Assim, a legislação garantia o direito de resgate da terra, caso a família tivesse sido obrigada a vendê-la por causa de dívidas (Lv 25,23-27).

Evitando o acúmulo de terras nas mãos de uma aristocracia, o camponês israelita preservava também seu trabalho e sua liberdade. A sociedade israelita era formada por camponeses livres, com acesso à terra e que eram donos de suas colheitas. Não era permitido o trabalho escravo permanente. A lei fala da existência de escravos por dívidas. Mas depois de um determinado tempo de trabalho, o escravo voltava a ser livre (Lv 25,35-46). Havia a possibilidade de um perdão total das dívidas, dentro da legislação comum das sociedades do Oriente Médio. Encontramos resquícios desta legislação nas leis do ano sabático e do ano jubilar (cf. Lv 25).

As celebrações populares reforçavam as opções descentralizadas da sociedade israelita. A Páscoa era a principal festa no período dos juízes. Sendo uma festa de origem pastoril, a Páscoa era celebrada no início da primavera. Marcava a período em que os rebanhos abandonavam os pastos de inverno e migravam para as pastagens de verão. O conteúdo desta festa foi modificado. Agora a Páscoa celebrava a caminhada histórica do povo, relembrando todo o processo de libertação: a intervenção de Javé, a saída do Egito, a peregrinação do povo pelo deserto e a conquista da terra. A Páscoa era celebrada nas casas dos camponeses e presidida pelo patriarca da aldeia. Nessa noite, o mais jovem fazia a pergunta ao pai: "Por que estamos celebrando esta festa?" Então o patriarca respondia: "Este é o sacrifício da páscoa de Javé! Ele *passou* no Egito, junto às casas dos filhos de Israel, ferindo os egípcios e *protegendo as nossas casas*" (cf. Ex 12,26-

28). A celebração da Páscoa reforçava a convicção de que a defesa das casas dos israelitas era feita pelo próprio Javé.

Um ponto importante nesta época é a presença das mulheres exercendo a liderança em Israel. A memória deste período de sociedade descentralizada guarda os feitos da Juíza Débora (Jz 4 e 5). Débora surge como juíza libertadora, exercendo seu ofício de julgar os conflitos entre os israelitas debaixo de uma palmeira perto do importante santuário de Betel. Ela era muito procurada pelos filhos de Israel devido à sua sabedoria em resolver as questões. Ora, no exercício de seu ministério, Israel foi invadido por tropas de um rei cananeu que enviou seu exército bem equipado, com carros de guerra. Débora assume então a liderança militar em Israel, convocando o exército popular. Durante a luta, surge outra mulher, Jael, da tribo dos quenitas, que mata o general inimigo. O papel libertador destas mulheres foi preservado num longo poema descrevendo a batalha vencida pelo exército popular israelita (Jz 5,2-30).

4.3 Causas da decadência do tribalismo

Uma série de causas, internas e externas, acabou levando à mudança de regime. Israel, gradativamente, deixa de ser uma sociedade tribal descentralizada, abrindo espaço para uma monarquia centralizada.

Uma das principais causas internas foi a grande diferença econômica e territorial entre as tribos. Algumas tribos eram mais fortes do que as outras, constituindo-se em novos focos de poder. No sul, a tribo de Judá, cujo centro era o santuário de Hebron, logo começou a anexar outras tribos mais fracas, como a tribo de Simeão. Ao norte, as duas tribos relacionadas com a casa de José, as tribos de Efraim e Manassés, cujo centro era o importante santuário de Betel, iniciaram também um processo de aglutinação das tribos menores. Esta diferença de origem explica a futura divisão de Israel em dois reinos antagônicos.

O maior desenvolvimento destas tribos levou também a uma desestruturação da casa patriarcal. A agricultura nas terras altas, com terraços e com bois, permitiu um enriquecimento de uma nova classe de proprietários, os "donos de bois" (cf. 1Sm 11,5-7), fazendo com que o pai da casa se torne um senhor de escravos por dívidas e proprietário de outros bens. Começa a haver também um acúmulo de prata nos santuários. Esta prata permitirá o pagamento de mercenários no exército (cf. Jz 9,4). Logo esta nova classe de proprietários pedirá um rei como as outras nações que cercam Israel (1Sm 8,19; 11,12-14).

E havia uma boa razão para esta insegurança dos proprietários. Uma grande causa externa também ajudou no surgimento de um governo centralizado. Nas migrações dos "povos vindos do mar", povos vindos provavelmente das ilhas gregas, surge um novo povo no litoral da Palestina. Este povo eram os filisteus. A palavra filisteu (em hebraico *pelesht*) acabou definindo o nome da terra: Palestina. Os filisteus eram guerreiros em busca de terras. Migrando em seus barcos, eles invadiram primeiro o Egito, ocupando o delta do Rio Nilo. De lá foram rechaçados pelo Faraó Ramsés III, por volta de 1175 a.C. Os filisteus então passaram a ocupar o litoral entre o Egito e a Fenícia, numa faixa de terra correspondente ao litoral do atual Israel, entre Gaza e Acre. Do litoral, em carroções puxados por bois e em ágeis carros de guerra, começaram a ocupar o interior da terra, conquistando todo o Vale do Jordão. Por volta de 1100 a.C., os documentos egípcios falam das cidades dos filisteus na atual Faixa de Gaza. A "Pentápole" filisteia era o coração do sistema de governo dos filisteus, um sistema formado por cinco grandes cidades-Estado, cada uma governada por seus príncipes: Gaza, Acaron, Asdod, Azoto e Gat (cf. 1Sm 5,8; 6,17).

Foram os filisteus que introduziram os artefatos e as armas de ferro e, por muito tempo, o monopólio da siderurgia esteve em sua mãos (cf. 1Sm 13,19-22). Estes instrumentos de ferro representavam um enorme salto tecnológico na Palestina. Os israelitas, enfraquecidos com seus artefatos e armas de bronze, perderam todas as batalhas que travaram contra os filisteus. Por volta de 1050 a.C., os filisteus só não dominavam as montanhas centrais porque seus carros não estavam adaptados às estradas íngremes. Por esta época, o importante santuário de Silo, onde ficava guardada a Arca da Aliança, foi totalmente destruído numa invasão dos filisteus pelas terras altas de Israel (cf. 1Sm 4; Jr 7,12).

4.4 A literatura desta época

A principal contribuição literária desta época são as narrativas registrando a memória dos feitos dos juízes e das juízas. Este tipo de literatura é chamado de *saga*, porque é uma lembrança coletiva e uma memória tribal, recordando os feitos heroicos de um determinado personagem. A maior parte destas sagas está no livro dos *Juízes*. Ali encontramos a saga de Débora, tanto em verso quanto em prosa (Jz 4 e 5). Temos a saga de Gedeão e a tentativa de seu filho Abimelec em centralizar o poder tornando-se rei em Siquém (Jz 6–9). Temos também a saga de Jefté de Galaad, suas guerras e a tragédia de sua filha (Jz 11). A maior saga é a de Sansão (Jz 13–16). Esta saga, rica em detalhes e em contribuições populares, narra a vida de Sansão, um juiz com um comportamento nada edificante, mas que deu muito trabalho aos inimigos filisteus. Ainda nesta memória dos feitos dos juízes, podemos relembrar os feitos de Samuel e de Saul, os dois últimos juízes na história de Israel, já envolvidos nos conflitos que levarão Israel à monarquia. Estas sagas serviram de base para o futuro livro conhecido hoje como primeiro livro de *Samuel*.

Provavelmente nesta época temos também algumas histórias relembrando os patriarcas, principalmente Abraão, Isaac e Jacó. Tais historietas relatam as dificuldades de relacionamento entre as tribos de Israel ou entre os israelitas e outros povos que habitavam Canaã, mas que não participaram da confederação de tribos. Geralmente estes episódios lembram conflitos com as cidades. Por exemplo, o conflito entre Abraão e o faraó (Gn 12,10-20); a destruição de Sodoma e Gomorra (Gn 19,1-29); o episódio entre Isaac e o rei cananeu Abimelec (Gn 26,7-11); o conflito entre os filhos de Jacó e os governantes de Siquém (Gn 34). Os conflitos entre Israel e os vizinhos povos amonitas e moabitas são narrados de uma maneira bem popular, através do relacionamento de Lot com suas duas filhas (Gn 19,30-38). Estas historietas populares descrevem, com certa ironia, os relacionamentos entre os israelitas e os povos e até o registro de acidentes geográficos conhecidos por todos (cf. Jz 7,25). Outras histórias relatam as dificuldades de convivência entre as tribos israelitas de maneira trágica e violenta (cf. Jz 19–20).

A confederação das tribos

Estudos recentes mostram que a organização do povo em Canaã era muito precária antes da criação do Estado hebreu sob o comando de Davi. No começo havia apenas agrupamentos de pessoas ou aldeias autônomas sem um vínculo maior com a organização geral. As aldeias tinham seus líderes natos, sem uma função remunerada, obedecendo mais a uma ordem familiar do que estatutária e jurídica. Os chefes comandavam a população em todas as situações, mas sua atividade estava vinculada com sua comunidade pelos laços de família e só intervinham quando necessário. Esta estrutura resultaria depois numa pequena organização dos chefes chamados pela tradição hebraica de juízes. Os membros das tribos participavam em tudo da vida da comunidade e gozavam de todos os possíveis privilégios em períodos fartos e de abundância. Nesta época, as tribos não eram em número de doze, nem estavam sob um vínculo nacional.

O período tribal deve ser visto como o tempo da organização progressiva, mas de modo pouco triunfalista. Tudo se processava de modo simples, em pequenos aldeamentos que transformavam o politeísmo em monoteísmo, e ao redor de uma nova mística estabelecia sua política, economia e religiosidade. O período primitivo é também marcado pela influência das mulheres (as matriarcas), as quais, ao lado de seus maridos, desenvolvem sua autoridade e proeminência, como Sara, que, por ciúme, expulsa a segunda esposa de Abraão (Gn 16,1-6); Rebeca, que voluntariamente ajuda o servo de Abraão junto ao poço e depois toma a decisão de ir com ele para uma terra estranha a fim de ser esposa de Isaac (Gn 24,15ss.); Tamar, a nora de Judá que, depois de ser expulsa pelo sogro, usa o artifício de prostituta

O mapa das tribos

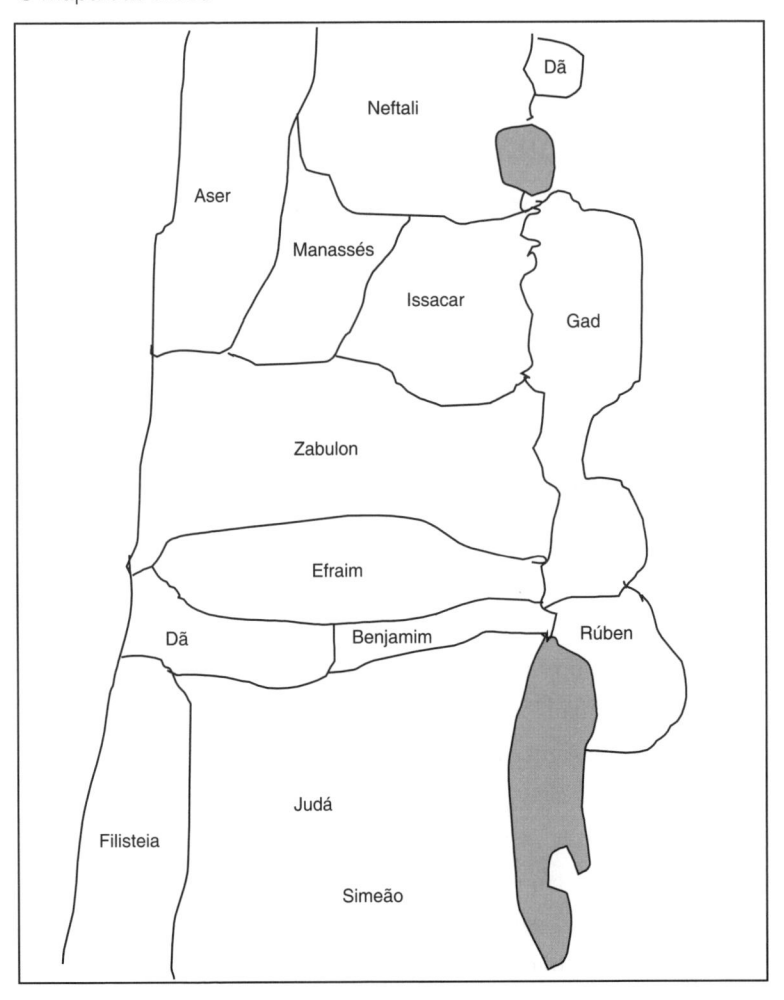

para fazer valer a lei do levirato (Gn 38,1-26). Assim a organização tribal pode ser vista como um movimento que vai tomando forma aos poucos, algumas vezes na perfeita harmonia e paz, outras vezes pela violência e despotismo.

No entanto, é preciso ter uma certa precaução quando se trata da organização das tribos, como foram conhecidas ao longo da história, por um mapeamento definido, lideranças fortes e influentes. Esta distribuição com limites geográficos e estrutura política definida seria a representação das prefeituras de Salomão (1Rs 4,1-20).

5
A monarquia e o profetismo
Entre 1000 e 582 a.C.

5.1 O triunfo da centralização

Após muitas resistências, as forças conservadoras triunfam, articuladas nas novas cidades que foram surgindo no final do período dos juízes, restaurando um novo modelo de urbanização centralizada. Vimos que, no final do período dos juízes, surge um novo foco de poder. Os cidadãos mais abastados, os chefes dos clãs israelitas, por questões de segurança diante da invasão dos filisteus, começam a se mudar para estas novas cidades. Israel entra, então, num processo de centralização política e social. As aldeias israelitas começam a perder poder e, em consequência, seu modelo político descentralizado. A centralização será lenta e os povos inimigos que rodeiam Israel sempre servirão de motivo para reforçar a política centralizadora que exige construção de cidades, fortalezas e muralhas, novas armas, exércitos, religião opressora elaborada a partir dos templos das cidades. Depois da dura experiência do período dos reis, o povo lamentará: "Pedir um rei foi nosso maior pecado" (1Sm 12,19).

Vários fatores permitiram que as forças sociais centralizadoras, derrotadas ao longo do processo de formação do povo de Deus, conseguissem se rearticular. Estas causas são internas e externas.

As principais causas internas são:

– o triunfo do sistema agrícola centrado nos terraços, nas cisternas e no boi como força de tração na agricultura;

– o surgimento de uma nova classe de proprietários de bois, os "homens poderosos";

– o desequilíbrio entre as tribos e a rivalidade entre a confederação do Norte, cujas tribos principais eram Efraim e Manassés, e a do Sul, cuja principal tribo era Judá.

As principais causas externas são:

– a invasão dos filisteus, trazendo para a região uma nova tecnologia militar, com carros de guerra e espadas de ferro;

– o surgimento de novos reinos ao redor de Israel, como Moab, Amon e Edom;

– a investida comercial da Fenícia, a partir da cidade de Tiro, que buscava um apoio na região para atingir o mercado do Mar Vermelho, rivalizando com os filisteus que ocupavam a costa do Mediterrâneo.

A junção de todos estes fatores internos e externos ocorreu entre 1050 e 850 a.C. e permitiu o surgimento e a consolidação da monarquia em Israel. Vamos ver estas causas mais de perto.

5.2 As causas internas

O surgimento da monarquia foi considerado pelos autores bíblicos como um momento crucial na vida do povo de Deus. Este processo, na verdade, ocorreu num espaço de uns cinquenta anos, entre 1050 e 1000 a.C. Vai desde a tomada do santuário de Silo pelos filisteus até a conquista de Jerusalém por Davi. Como foi decisivo para todo o futuro do povo de Deus, este momento histórico está relatado quase em minúcias no Primeiro Livro de Samuel.

Durante o período dos juízes, houve grande avanço nas técnicas agrícolas em Israel. Se há um termo que aparece muito em 1 Samuel é a palavra "boi". Naquela época, ter um boi equivalia a ter hoje um trator. A força de tração dos bois ampliou a área agrícola nas montanhas de Israel, aumentando a produção de grãos e gerando um excedente de produção. Enquanto as tribos viveram dentro do modelo tribal, qualquer excedente era consumido pela própria aldeia e o comércio era totalmente desprezado. Comercializar os produtos da mãe-terra seria uma prostituição (Os 2,4-15). Mas agora, devido à grande produção, alguns chefes de aldeia começam a comercializar seus produtos e a acumular riqueza. Surge assim uma nova classe dentro de Israel. Estes proprietários passam a dotar o título de "adon" (Ex 21,5), palavra fenícia que significa "senhor". Começa então a surgir um desequilíbrio dentro das aldeias. O *adon* comercializa seus produtos e algumas pessoas começam a passar necessidades. O Código da Aliança (Ex 20,22–23,33), que retrata esta sociedade em transição para a monarquia, mostra que pessoas endividadas se entregam aos proprietários (Ex 21,10) e surgem pobres no meio das aldeias (Ex 22,20).

A comercialização dos produtos permite que as aldeias invistam em mais bois. Estes bois agora são propriedade dos *adonim*. Como passam a ser proprietários, assumem o título de "baal" (Ex 21,28), palavra cananeia que significa "dono, proprietário, patrão, divindade". Esta nova classe de proprietários de bois é conhecida como "os homens poderosos". Saul, da tribo de Benjamim e primeiro rei em Israel, pertencia a esta classe dos proprietários de bois (cf. 1Sm 9,1-2). Mais tarde, estes proprietários buscam a segurança dada pelos muros das cidades. Os habitantes de uma cidade também são chamados de *baalim* (Jz 9,2).

Foi o poder desta nova classe de proprietários de bois que permitiu o surgimento da monarquia em Israel. Aos poucos, a antiga federação tribal entra num processo de centralização devido aos desequilíbrios entre as tribos. No sul, a tribo de Judá gradativamente vai incorporando as pequenas tribos ao redor, principalmente a tribo de Simeão, cujos limites no texto bíblico são muito imprecisos. O santuário tribal de Hebron torna-se a capital da confederação cujo centro é a tribo de Judá. No norte, as tribos ligadas ao patriarca José, Efraim e Manassés, vão tornando-se o centro da confederação nortista. Mas desde a destruição do santuário tribal de Silo Betel vai se tornar o principal santuário israelita. Ao redor destes santuários surgirão os futuros reinos; o Reino do Norte (Israel) e o Reino do Sul (Judá).

Por um curto período os dois reinos estarão unidos sob o comando de Davi. Davi começa reinando em Hebron (2Sm 2,4) e depois governa sobre todo o Israel (2Sm 5,1). O novo rei de todo o Israel escolherá para sua capital uma cidade jebusita conquistada por ele mesmo. Logo, é uma cidade de sua propriedade, em território da tribo de Benjamim, a meio-caminho entre as duas confederações. A cidade de Jerusalém será conquistada por volta do ano 1000 a.C. (cf. 2Sm 5,6-10). Esta conquista marca o fim do período tribal, o triunfo da urbanização sobre as aldeias israelitas.

5.3 As causas externas

Sem dúvida, a principal causa externa que levou ao surgimento da monarquia foi a ausência de uma grande potência dominando o quadro político do antigo Oriente Médio. Na transição entre a Idade do Bronze e a Idade do Ferro, todas as grandes potências, como o Egito e a Babilônia, entraram em decadência. O Egito jamais recuperará seu antigo prestígio. A Babilônia está às voltas com o crescimento de sua rival, as antigas cidades acádicas agrupadas em torno de Assur. A Assíria surgirá, no século IX a.C., como o primeiro grande império da Era do Ferro. Este espaço de tempo entre a derrocada do Egito e o surgimento da Assíria (entre

1200 a 850 a.C. aproximadamente) permitirá que inúmeros pequenos estados venham a pontilhar o mapa político do Crescente Fértil. Estes estados, de estrutura siro-hitita, surgirão ao longo das estradas que ligam o Egito e a Mesopotâmia. Desde o Eufrates e o Orontes até as torrentes do Egito temos agora pequenos reinos como Karkemish, Alalak, Alepo, Sam'al, além das cidades fenícias, a Pentápole filisteia, Amon, Moab, Edom, Israel e Judá. A grande potência na época, a cidade fenícia de Tiro, detém uma hegemonia puramente econômica de toda esta região.

É importante entendermos o surgimento dos reinos de Israel e de Judá dentro do quadro de rivalidade econômica entre as cidades filisteias e as cidades fenícias. Nesta época, a navegação ainda é de cabotagem, tendo os navios pouca autonomia longe da costa. Desta forma, os filisteus impediam o comércio entre a Fenícia e o Egito. Já o comércio entre a costa fenícia e o Mar Vermelho se fazia por terra, em carros de mercadores, pela Estrada Real (cf. Nm 20,17), que ligava Damasco ao porto de Asiongaber, no Golfo de Áqaba (1Rs 9,26). Dali os barcos seguiam pelo Mar Vermelho até o extremo sul da Península Arábica. O avanço dos filisteus pelo vale do Jordão impedia que os comerciantes fenícios conseguissem manter o comércio com o sul. Deter os filisteus era a principal meta política dos fenícios. A implantação do reino de Davi só foi possível devido à aliança entre a casa real de Tiro e a nova dinastia israelita (2Sm 5,11-12; 1Rs 5,15-32; 9,10-14). Na medida em que a urbanização avança, a aliança será cada vez mais reforçada. Quando a dinastia de Omri constrói Samaria, a maior cidade durante todo o período da monarquia, o casamento entre o Príncipe Acab de Israel e a Princesa Jezabel de Tiro sela a aliança definitiva entre as forças econômicas fenícias e as sucessivas dinastias reinantes em Israel (1Rs 16,31-32).

Não sabemos exatamente quando vão surgindo pequenos estados ao redor da antiga confederação tribal israelita. Edom,

Moab e Amon são aparentados com os israelitas, como mostram as várias historietas situadas no tempo patriarcal. Edom é Esaú, irmão de Jacó (Gn 36,1), Moab e Amon são os filhos espúrios do relacionamento entre Lot e suas filhas (Gn 19,30-38). Parentes, mas ao mesmo tempo inimigos. Estes reinos rivais ora apresentam-se independentes (1Sm 22,3-4), ora estarão sob o domínio israelita (2Sm 12,26). Mas é provável que o surgimento destes pequenos estados tenha realmente influenciado os israelitas a pedirem um rei como todas as outras nações da terra (1Sm 8,19-20).

5.4 O reinado de Saul

A primeira tentativa de implantar a monarquia em Israel está descrita no livro dos Juízes (Jz 9). É uma tentativa local, comandada por Abimelec, filho do grande Juiz Gedeão. Alguns fatores neste episódio são importantes para entendermos um processo que só terminará na ação de Davi em consolidar o reinado. Em Jz 9 vemos que a tentativa de implantação da monarquia parte de uma liderança popular tribal, dos cidadãos da cidade de Siquém e de alguns santuários que começam a acumular prata suficiente para armar alguns mercenários. Tal tentativa consegue estabelecer um rei em Siquém por três anos (Jz 9,22). A fábula das árvores (Jz 9,7-15), incluída neste texto, mostra que a reação à centralização monárquica ainda é muito grande.

Outra tentativa mais ampla permite o surgimento de um rei com maior raio de ação. Este rei é Saul, um benjaminita que inicia sua carreira como um juiz libertador. Foi ele quem comandou o exército popular de Israel contra os amonitas que ameaçavam a região de Galaad (1Sm 11,1). Ao vencer os amonitas, Saul dá um passo importante para consolidar seu poder ao não desmobilizar totalmente o exército, comandando uma tropa permanente de três mil homens (1Sm 13,2). A causa desta medida é a crescente ameaça dos filisteus, que estavam conquistando a importante planície de Jezrael e atingindo o Vale do Jordão. Mesmo assim, os vários relatos que ocupam alguns capítulos do livro de *1 Samuel* (de 8–12) mostram que as reações das lideranças tribais ainda são fortes. Mas temos alguns relatos que aprovam o surgimento de um rei para comandar todas as forças militares israelitas (cf. 1Sm 9,1–10,16; 11,12-15).

O tempo de reinado de Saul, bem como a área que ele administrou de fato, são bastante controversos. Ele é um benjaminita que lidera algumas tribos do Norte. O texto bíblico afirma que ele teve alguma autoridade sobre as tribos de Judá e Simeão (1Sm 15,7). Mas a presença de Saul nesta região é muito tênue. Saul dá os primeiros passos para criar uma burocracia, escolhendo a pequena cidade de Gabaá de Benjamim como uma capital. Também começa a delegar poderes para auxiliares diretos, começando uma corte real. Abner, primo de Saul, é nomeado comandante do exército (1Sm 14,50). Ele começa também a aumentar o pessoal de serviços diretamente ligados ao rei (1Sm 14,52).

Mas Saul enfrentou forte oposição interna, o que enfraqueceu muito o seu reinado. Ele não consegue a adesão das grandes cidades nem o apoio do clero dos santuários tribais. Não sabemos se o seu governo fracassou nestes pontos ou se Saul ainda é um rei tribal que desdenha as cidades e os grandes proprietários. O fato de Saul ter uma pequena capital, mais aldeia do que propriamente uma cidade, mostra que ele não é uma liderança ligada ao meio urbano. Mas a oposição dos santuários tribais lhe tirou a legitimidade diante das demais tribos. Mesmo assim, Saul reina cerca de uns vinte anos, entre 1030 e 1010 a.C. aproximadamente. Ele comanda os israelitas contra os filisteus, conseguindo deter as invasões deles sobre o território israelita. Quando ele morre na batalha dos montes Gelboé (1Sm 31), um filho seu, Isbaal, reina ainda por mais sete anos sobre as tribos de Israel (2Sm 2,8). Sinal de que sua dinastia estava se estabilizando.

5.5 Davi e a consolidação da monarquia

O triunfo de Davi foi possível porque sua visão estratégica foi totalmente distinta daquela adotada por Saul. Davi armou um exército particular de mercenários (1Sm 22,2) e, por uns tempos, colocou-se a serviço dos filisteus (1Sm 27,1-4), embora o início de sua carreira militar tenha sido mesmo na corte de Saul, tendo inclusive entrado na família real através de casamento (1Sm 18,17). A ruptura política entre Saul e Davi foi narrada exclusivamente na perspectiva do vitorioso. Assim, fica muito difícil saber as razões das inúmeras tentativas de Saul em eliminar seu rival. Mas o início da carreira política de Davi é um amplo movimento de guerrilhas nas terras de Judá e de Simeão (1Sm 26,1-2). Através deste movimento Davi ganha a adesão das aldeias de Judá, mandando presentes aos anciãos e aos notáveis de várias aldeias (1Sm 30,26-31).

Depois da batalha dos montes Gelboé (1Sm 31), onde morreram Saul e seu herdeiro Jônatas, o poder da casa de Saul sobre Judá terminou. Este vazio político foi ocupado por Davi que, até esta época, ainda estava trabalhando para o príncipe filisteu de Gat (1Sm 28,1). Os anciãos de Judá ofereceram o trono de Judá para Davi e ele foi ungido rei em Hebron (2Sm 2,4). Por sete anos, Davi, a partir de Judá, travou batalhas para eliminar a casa de Saul. Com a morte de Abner (2Sm 3,22-30) e de Isbaal (2Sm 4), dois assassinatos políticos, Davi consegue unir num único governo os dois reinos (2Sm 5,1-5). Historicamente, nunca existiu um único reino, mas dois reinos com um mesmo rei.

Diante da força de Davi, os santuários tribais passam a lhe dar apoio, através do clero do santuário de Silo, agora reunido em Nob (1Sm 22,20-23). As cidades também vão aderir a Davi que, para melhor administrar forças tão antagônicas, vai escolher para capital uma cidade jebusita, a meio-caminho entre Israel e Judá, perto do santuário de Betel, mas fora da antiga aliança tribal. Jerusalém é conquistada por volta do ano 1000 a.C. Tendo controlado todas as forças sociais em Judá e em Israel, Davi governa os dois reinos por mais de trinta anos. A monarquia está consolidada.

Outro ponto importante na consolidação do reinado de Davi foi sua aliança com a cidade fenícia de Tiro, a maior potência econômica da região (2Sm 5,11-12). Vemos assim que a cultura fenícia vai modelar a futura monarquia, tanto em sua arquitetura quanto em suas instituições. A estabilidade econômica virá deste intenso comércio entre Israel e Tiro, já que o território sob controle de Davi servirá de corredor entre as cidades fenícias e o Mar Vermelho.

Ter o controle das forças sociais jamais significou para Davi tranquilidade em governar Judá e Israel. Várias vezes houve tentativas de golpes palacianos, como a tentativa de Absalão (2Sm 15–18), e revoltas populares abertas, como a de Seba (2Sm 20). As forças tribais no governo estavam sendo dominadas pelas forças urbanas. O golpe de misericórdia no sistema tribal aconteceu no golpe da sucessão de Davi (1Rs 1–2). Dois filhos de Davi disputavam o trono. De um lado Adonias, filho de Davi com a judaíta Hagit, nascido em Hebron. Do outro lado, Salomão, filho da hitita Betsabeia, nascido em Jerusalém. As lideranças tribais, como Joab, comandante do exército tribal popular, e o Sacerdote Abiatar, remanescente do santuário de Nob, colocaram-se ao lado de Adonias. Ao lado de Salomão ficaram o sacerdote jebusita Sadoc e Banaías, o comandante das forças mercenárias. O Profeta Natã pendeu para o lado de Salomão. Os seguidores de Adonias foram detidos, exilados ou mortos. Dessa forma, "a realeza consolidou-se nas mãos de Salomão" (1Rs 2,46). O sistema tribal tinha sido definitivamente derrotado.

Os dois reinos

Divisão após a morte de Salomão: 932 a.C.

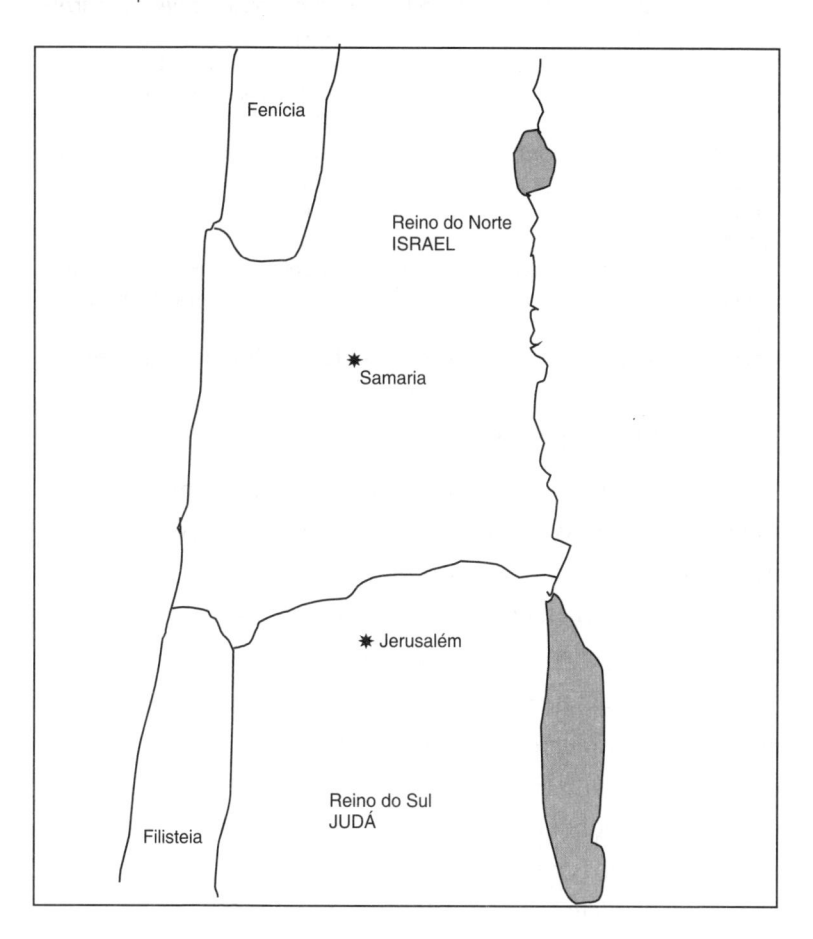

Fenícia

Reino do Norte
ISRAEL

✳ Samaria

✳ Jerusalém

Reino do Sul
JUDÁ

Filisteia

5.6 As forças de oposição à monarquia

A monarquia centralizada nunca foi uma unanimidade em Israel. As lideranças tribais, principalmente os antigos santuários tribais, sempre foram um foco de resistência ao rei e à política urbana. Dessa forma, um movimento irá gradativamente articular a resistência popular ao rei e às cidades. É o movimento profético.

Neste período de transição entre a confederação tribal e a monarquia, o movimento profético é simbolizado pela figura de Samuel. Segundo o relato bíblico, Samuel inicia sua carreira como um juiz libertador que comanda o exército tribal contra os filisteus. Apesar de algumas vitórias (cf. 1Sm 7,2-14), a confederação tribal não consegue deter o avanço filisteu. Saul passa a ocupar o comando militar. Samuel então assume uma atitude diferente. Passa a questionar os passos de centralização dados por Saul. Esta resistência de Samuel na verdade é assumida pelas confrarias proféticas existentes em Israel. Provavelmente são elas que estão por trás deste relato e do posterior engrandecimento da figura de Samuel.

A Bíblia preserva a memória destas confrarias proféticas presentes em várias épocas da história do povo de Deus. O surgimento destas confrarias é um fenômeno típico da estrutura social do modo tributário de economia. As terras familiares conseguem sustentar uma grande família, ainda que precariamente. Qualquer desequilíbrio provoca a desagregação da família. Assim, as invasões dos filisteus, a concentração do poder nas mãos dos *adonim* e o ressurgimento das cidades, gerou uma grande população de sem-casas. Essas pessoas tendem a buscar refúgio nos santuários para conseguir trabalho nas terras reservadas às famílias sacerdotais. Surgem, assim, as confrarias de profetas e profetisas (cf. 1Sm 10,5-6.11; 19,18; 1Rs 18,4; 20,35; 2Rs 2,3; 4,1; 6,1-7). O aumento da presença destas confrarias populares é um sinal das dificuldades econômicas que atingem a sociedade israelita.

Mas a figura do profeta ou da profetisa é muito forte em Israel. Os reis também necessitavam do apoio dos profetas. Surgem assim as corporações proféticas na corte, reunindo sempre muita gente que "comia da mesa do rei" (1Rs 18,19), ou seja, recebiam salário do Estado. Houve muitos conflitos entre os profetas populares e os profetas da corte. O que chama a atenção nos relatos é que as corporações proféticas reais são sempre numerosas, geralmente enfrentando apenas um único profeta de Javé (cf. 1Rs 18,20-29; 22,5-9). A discussão entre o Profeta Jeremias e o Profeta Hananias (Jr 28) mostra como o conflito entre profetas populares e profetas reais provocava muita confusão na cabeça do povo.

As confrarias estão presentes no surgimento da monarquia, associadas à figura de Samuel. Mais tarde, com a violenta urbanização implantada pela dinastia de Omri (885-841 a.C.), terão presença marcante sob a liderança de Elias e de Eliseu (ver linha do tempo). Dessa forma, vemos que o movimento profético é mais intenso nas crises sociopolíticas provocadas por dinastias centralizadoras e com intensos gastos militares. O movimento profético sempre foi mais aguerrido e revolucionário nas ocasiões em que há grande desenvolvimento econômico. Para o movimento profético, um determinado modelo econômico deve ser julgado não só pela riqueza que acumula, mas também pelo método injusto como produz e pela miséria que desencadeia.

Segundo a Linha do Tempo, vemos que há quatro grandes momentos onde o movimento profético apresenta maior interferência na história do povo. Um primeiro momento é o surgimento da monarquia, cuja oposição é liderada por Samuel e as confrarias proféticas. Um segundo momento coincide com os governos da dinastia de Omri (entre 885 e 841 a.C.), quando surgem Elias, Eliseu, Miqueias de Jemla e as confrarias populares. Um terceiro momento coincide com o desenvolvimento econômico atingido em Israel no século VIII a.C., entre 780 e 740 a.C. É a época dos profetas Amós, Oseias, Isaías e Miqueias de Morasti. Um quarto momento é o tempo da crise sociopolítica que vai da reforma de Josias à queda do reino de Judá (620-585 a.C.). Nesta época temos Sofonias, Habacuc, Naum, Jeremias e Baruc, bem como a Profetisa Hulda.

As confrarias passaram por vários momentos críticos. A maior crise dentro do movimento profético acontece com o golpe desferido pelo General Jeú contra a dinastia de Omri, em 841 a.C. Com o apoio das confrarias e dos regimentos de carros de guerra, Jeú consegue tomar o poder e eliminar o culto a Baal (2Rs 9–10). Nesta ocasião Javé se torna a divindade dinástica e Betel é transformado no santuário real (Am 7,13). Começa um processo de transformação de Javé, que passa a ser considerado uma divindade urbana como Baal, protetora da casa real e das instituições que sustentam a monarquia. Este processo, conhecido como "baalização" de Javé, contou com o apoio do Profeta Eliseu, que passa a ser conselheiro do rei, fazendo parte do aparato estatal (2Rs 13,14-19). Com o golpe de estado de Jeú, há um silêncio do movimento profético por quase um século. A voz profética de Eliseu cessa em 840 a.C. Por volta de 750 a.C. surge um novo tipo de profeta. Amós não quer ser confundido com os profetas das confrarias quando diz ao Sacerdote Amasias: "Não sou profeta nem pertenço a uma confraria" (Am 7,14).

Com a atividade dos profetas do século VIII a.c. começam a surgir novos grupos proféticos, agora reunidos a partir de um líder. Surgem as "escolas" dos discípulos que recolhem as ações e palavras do mestre e elaboram um livro que preserva a mensagem deste líder. A vida destas escolas, na verdade uma continuação das antigas confrarias proféticas, continuará muito tempo depois da morte do mestre. Surgem, assim, os chamados livros proféticos, como os livros de Amós, de Oseias, de Isaías etc. Esta nova etapa da profecia se estende até a época do exílio na Babilônia. Algumas escolas, como a de Isaías, continuaram atuando até o tempo depois do exílio. Geralmente, quando pensamos em "profecia", pensamos nos profetas desta época, cujas mensagens são mais claras e mais desenvolvidas.

Ao lado dos profetas e das profetisas encontramos outros grupos de resistência à monarquia. Estes grupos são bastante diversificados e sua área de atuação é muito restrita. O grupo mais conhecido é o dos recabitas, mercadores nômades que seguiam as orientações de seu líder. Aparecem como modelo de resistência à urbanização e à centralização monárquica (2Rs 10,15-17; Jr 35,1-11).

5.7 A crise final da monarquia

O ressurgimento da Assíria terminará com o vazio de potências hegemônicas no Crescente Fértil. Herdeira da cultura mesopotâmica, a Assíria começa a implantar um novo tipo de administração centralizada a partir do século IX a.C. Usando uma força militar compacta, associada a uma crueldade que visava derrotar psicologicamente seus inimigos, os assírios construirão um império que se estenderá do Nilo até o Golfo Pérsico. Os assírios começaram a derrotar os pequenos estados do Rio Orontes com o objetivo de atingir o Mar Mediterrâneo. Estes estados, liderados pelas cidades fenícias, conseguem deter o avanço de Salmanasar III em 853 a.C. Os anais assírios dizem que Israel, no governo de Acab, contribui com vários regimentos de carros na batalha de Carcar. Dez anos depois, por volta de 841 a.c., Salmanasar III volta e vence a coligação. Um obelisco assírio mostra Jeú, rei de Israel, curvado diante do rei assírio. A inscrição diz que "Jeú, rei da casa de Omri (Israel), paga seu tributo ao rei assírio".

Os problemas internos da Assíria fazem com que as invasões assírias sobre a Fenícia parem por um espaço de uns cem anos. Uma nova investida assíria aconteceria a partir da metade do século VIII a.C. Sob o governo de Teglat-Falasar III (745-722 a.C.), os assírios definem sua política de expansão em quatro estágios. Num primeiro momento, derrotam o país, desterram a elite político--administrativa, e instalam um governo pelego. Caso haja uma revolta contra a dominação assíria, num segundo estágio as cidades são destruídas, a elite é massacrada, o país é reduzido a província e um governador local é nomeado. Caso a situação de revolta persista, um governador assírio é nomeado e populações estrangeiras são enviadas para colonizar o Estado revoltoso. Por fim, no quarto estágio, o país é anexado a uma província já existente perdendo sua identidade política. Num espaço de cinquenta anos os assírios constroem o seu império. É o primeiro grande Estado surgido na Idade do Ferro.

O reino de Israel logo foi tragado pelo turbilhão assírio. A partir da crise política interna, por volta de 743 a.C., com os efêmeros reinados de Zacarias, Selum e Manaém, os assírios começam a intervir sistematicamente na política interna de Israel (2Rs 15,29). Buscando um apoio de Teglat-Falasar contra os arameus e israelitas, Acaz, rei de Judá, apressa-se em reconhecer sua vassalagem ao rei assírio (2Rs 16,10). A partir de 736 a.C., Judá é um Estado vassalo e assim sobrevive como Estado independente por mais 150 anos. Em 722 a.C. Samaria é conquistada pelo rei assírio Salmanasar V (726-722 a.C.), e destruída por Sargão II (721-705 a.C.). O país é transformado em província e populações estrangeiras se instalam no antigo reino (cf. 2Rs 17,3-6).

Com a derrocada assíria a partir da sucessão de Assurbanipal (cerca de 630 a.C.), Judá consegue recuperar sua independência e reconquista parte do antigo reino de Israel (2Rs 23,15-20). O Rei Josias tenta restabelecer a antiga glória de Israel decretando a centralização total do culto em Jerusalém. Sua grande obra política encontra respaldo numa releitura total da história a partir do livro do Deuteronômio. Esta revisão historiográfica é conhecida como Obra Deuteronomista de História e inclui os atuais livros de Josué, Juízes, 1 e 2 Samuel e 1 e 2 Reis. Todo o tema desta literatura é definir a supremacia do templo de Jerusalém, "o lugar que Javé escolheu como sua morada" (Dt 12,14), sobre todos os outros santuários israelitas. A profanação do tradicional santuário de Betel reforça esta nova teologia (cf. 1Rs 13,1-10).

A desgraça sobre Judá acontece entre a derrocada dos assírios e a incapacidade de dois reinos, Egito e Babilônia, em substituir o vazio político no Oriente Médio. Num primeiro momento, Judá cai sob o domínio dos egípcios. O Egito tenta recuperar suas antigas glórias com uma nova dinastia que liberta o país do domínio assírio, mas não tem forças para vencer a nova potência que surge na Mesopotâmia: o reino caldeu com capital em Babilônia. Ao tentar barrar o avanço egípcio em Megido (2Rs 23,29-30), o Rei Josias morre na batalha, dando início à crise política que irá levar Judá ao exílio (609 a.C.). Os caldeus logo ocupam o vazio deixado pelos assírios, conquistam as cidades assírias e começam a se voltar para a Fenícia e Palestina. Mas nem os caldeus vencem os egípcios nem os egípcios conseguem se estabelecer em definitivo na Palestina. Estas idas e vindas dos dois exércitos foram fatais para o reino de Judá. A elite dirigente de Judá se divide numa grande dúvida: A quem se atrelar? Quem vai vencer?

Esta crise final de Judá aparece com clareza na literatura profética desta época. São os livros dos profetas Sofonias, Naum, Habacuc e, principalmente, Jeremias. Na verdade toda a transição entre Estado independente e exílio é narrada com força e paixão pelo Profeta Jeremias, o homem que viveu e participou da mais importante encruzilhada histórica do povo de Deus.

5.8 A literatura desta época

Com o surgimento da corte e da infraestrutura do Estado, a literatura passa a ser mais desenvolvida, tanto nos santuários como nas cidades. Surgem novas formas de escritos, relacionados com a vida na corte ou com o culto oficial. Mas também temos escritos que servem de canal para a resistência à monarquia. Desta forma encontramos na Bíblia uma literatura de legitimação da realeza. Mas também uma literatura de resistência à centralização monárquica.

Os funcionários da corte necessitavam de conhecimentos e de tradições nas áreas jurídica e administrativa. Os sábios foram buscar nas casas israelitas e no estrangeiro os conhecimentos necessários para administrar o país. Surgem assim as coleções de provérbios reunidos pela casa real. O livro dos Provérbios, que vai ficar pronto apenas na época persa, traz estas coleções caseiras (cf. Pr 25,1), mas também as coleções importadas, como as *Máximas de Amenemopê*, trazidas do Egito (Pr 22,17–24,22). Da mesma forma a liturgia dos templos estatais incentiva as coleções de cânticos litúrgicos. Surgem, assim, os vários saltérios, mais tarde reunidos no livro dos Salmos. Destacam-se aqui os chamados "Salmos Reais" (Sl 2; 18; 20; 21; 45; 61; 72; 89; 110; 132; 144), utilizados nas liturgias presididas pelo próprio rei.

No palácio real temos as crônicas dos reinados. Cada rei tinha, na sua burocracia, escribas especializados em registrar os feitos governamentais (1Rs 4,3). Eles elaboravam as crônicas dos reis de Israel e as crônicas dos reis de Judá, livros que já desapareceram, mas algumas destas anotações estão ainda espalhadas pelos atuais livros dos *Reis* e livros das *Crônicas*. Temos também uma literatura narrativa mais desenvolvida, com muitos detalhes e dramas humanos, num livro conhecido como Livro da Sucessão de Davi, hoje preservado nos livros de Samuel e Reis (cf. 2Sm 10–19; 1Rs 1–2).

O palácio também começa a sistematização dos códigos jurídicos. Surgem coleções de leis para uso governamental. Estas coleções formavam o estatuto central que o rei deveria aceitar quando da sua assunção ao trono (cf. Dt 18,18). Dentre estas coleções, temos o Código da Aliança e o Código Deuteronomista.

Embora fortes, os segmentos que defendem e implantam a monarquia centralizada encontraram muitas resistências. O foco destas resistências são, em primeiro lugar, os santuários rurais que sentiam perder sua importância diante dos templos urbanos. Na sua resistência, estes santuários recuperam as figuras patriarcais como símbolos da antiga ordem tribal. O santuário de Hebron redige uma grande saga histórica, descrevendo a jornada de Abraão cujo túmulo está associado ao próprio santuário. Este livro, hoje conhecido como J (sigla de "Javista") é parte integrante do Pentateuco ou Lei.

A força mais importante na resistência à centralização monárquica é o movimento profético. Mas também vimos que o movimento profético teve uma trajetória histórica bastante atribulada. Temos pelo menos duas fortes correntes proféticas em Israel. A corrente israelita, mais camponesa e revolucionária (Samuel, Elias, Eliseu, Miqueias de Jemla, Amós, Oseias, Jeremias), e a corrente judaíta, de sacerdotes críticos do Estado (Isaías, Ezequiel). Esta divisão do movimento profético reflete-se na literatura profética.

Antes de Amós, temos as sagas narrando as atividades das confrarias e das grandes figuras como Samuel, Elias, Eliseu e Miqueias de Jemla. Estas sagas foram anexadas pelos teólogos deuteronomistas à história do povo e, por isso mesmo, elas estão espalhadas nos livros que nós, cristãos, consideramos como "Históricos" (1 e 2 Samuel e 1 e 2 Reis). Os judeus, lendo a história na sua verdadeira perspectiva, chamam estes livros de "Profetas Anteriores".

Os profetas das escolas após a revolta de Jeú (841 a.C.) tiveram suas mensagens preservadas em livros independentes. São os livros de Amós, Oseias, Miqueias de Morasti e Isaías. Os judeus chamam estes livros de "Profetas Posteriores".

6
O exílio
Entre a queda de Samaria (722 a.C.) e o retorno dos exilados (538 a.C.)

6.1 A prática política de exilar adversários

Desde o surgimento dos impérios os vencedores promovem grandes deportações das populações dominadas. Já na sua razia por Canaã, por volta de 1450 a.C., o Faraó Tutmósis III levou muitos cananeus cativos para o Egito. A derrota militar de um povo significava que o vencedor levaria escravos como parte do saque, visando fazer algum lucro que pagasse os custos das batalhas, como se fora uma indenização pela guerra paga pelos derrotados.

As constantes guerras entre Israel e Judá, ao longo da história dos dois reinos, também fizeram com que muitos judeus fossem levados cativos para Israel e vice-versa (cf. 2Cr 28,8). As guerras contra os arameus também permitiram que israelitas escravizados fossem levados para o exílio em Damasco (cf. 2Rs 5,2). O Profeta Amós adverte os israelitas desta possibilidade de castigo da parte de Javé (Am 4,1-3).

Mas foram os assírios, com sua política de desterro sistemático, que começaram uma ampla mistura de povos entre os pequenos estados do Oriente Médio. Tal política atinge também o reino de Israel, a partir do reinado de Manaém (cerca de 743-738 a.C.). O texto bíblico fala que Teglat-Falasar III invade Israel e exige o pagamento de um grande tributo (2Rs 15,19). O rei assírio volta no reinado de Faceia (cerca de 737-732 a.C.), tomando "Aion, Abel-Bet-Maaca, Janoe, Cedes, Hasor, Galaad, Galileia e toda a terra de Neftali, e deportou seus habitantes para a Assíria" (2Rs 15,29). Sob o reinado de Oseias (732-722 a.C.), o reino foi totalmente invadido, transformado em província assíria e seus habitantes deportados para várias partes do império (cf. 2Rs 17,6). Então o rei da Assíria trouxe gente de outros países e os transformou em colonos nas terras israelitas (2Rs 17,24). Dessa forma desaparece definitivamente o reino de Israel. Não temos notícias de uma possível volta destes desterrados.

Tendo mantido sua identidade política durante todo o domínio dos assírios, Judá consegue sobreviver e recuperar sua independência a partir de 622 a.C., no governo de Josias (640-609 a.C.). Mas logo os babilônios estão querendo conquistar o Egito e Judá é tragado pelos invasores. Em 598 a.C. Jerusalém é tomada e a elite dirigente vai para o exílio na Babilônia (2Rs 24,10-17). Entre estes primeiros exilados vai junto o futuro Profeta Ezequiel. Após uma fracassada tentativa de revolta por parte do Rei Sedecias, Nabucodonosor arrasa Jerusalém e deporta seus habitantes para a Babilônia em 587 a.C. Muitos também fugiram para os países vizinhos (2Rs 25,1-12).

Ao transformar Judá numa província, o rei da Babilônia nomeia Godolias, um antigo cortesão, como governador da nova província (2Rs 25,22-26; Jr 40,5-7). Ele instala seu governo no antigo santuário de Masfa. Para lá vai o Profeta Jeremias. Mas os membros da dinastia davídica, que tinham fugido para Edom, não concordam com este novo governo e matam Godolias. Este fato provoca uma terceira intervenção dos babilônios e mais uma vez alguns judeus são deportados para Babilônia. Segundo os dados presentes no livro de Jeremias (Jr 52,28-30), na deportação de 598 tinham sido levados para Babilônia cerca de 3.023 judeus. Na deportação de 587, 822 pessoas, e na de 582, cerca de 645 judeus foram levados. Tais números estão dentro do razoável e mostram que quando se fala em exílio não podemos pensar que todo o povo foi levado, mas apenas uma pequena parte da elite dirigente, os artesãos, os sacerdotes e escribas. Enfim, gente que poderia liderar uma revolta contra o poder invasor. A grande maioria do povo nunca foi nem retornou. Mas todos passam pela realidade que chamamos de "exílio".

6.2 A crise do exílio

Através dos cinco grandes lamentos contidos no livro das Lamentações, vemos que o "exílio" é a mais grave crise pela qual passa o povo de Deus. Esta crise é gerada pela perda das principais referências que davam ao povo de Deus uma identidade e um projeto. Estas referências eram: a terra, o rei, a Lei, o templo na cidade santa, Jerusalém. Com a perda da independência, estas referências, que davam ao povo a certeza da presença de Deus em seu meio, foram perdidas. A terra agora pertencia a um rei estrangeiro e não mais ao povo (Lm 5,16). O rei, o ungido de Deus para guiar o povo, estava morto ou exilado (Lm 5,16). Agora o rei da Babilônia, uma figura distante e desconhecida, governava e decidia os destinos do povo de Deus. A Lei de Deus, que regia os relacionamentos dentro do povo, foi substituída pela lei do novo rei babilônico (Lm 2,9). O povo agora é escravo, mesmo morando em sua própria terra (Lm 5,4). Deve pagar pesado tributo e trabalhar para um poder estrangeiro. O templo está destruído e Jerusalém não é mais a capital (Lm 1,1). A religião dos novos governantes começa a penetrar nas casas e nas famílias. Afinal, como chamar Deus a Javé, se Ele não conseguiu proteger seu povo dos invasores? (cf. Jr 44,7). A crise política é lida dentro desta perspectiva religiosa.

Muitos abandonam a religião dos pais e se voltam para práticas religiosas antigas, dos tempos dos reis cananeus (Jr 44,17).

Os primeiros escritos do tempo do exílio na Babilônia refletem bem esta crise religiosa. São desta época as *Lamentações* e a redação final do livro de Jeremias, ambas feitas em Judá. E na Babilônia temos a profecia de Ezequiel. Num primeiro momento, a preocupação é evitar que aconteça com Judá aquilo que aconteceu com o reino de Israel, ou seja, que o exílio acabe com a identidade de povo de Deus. Jeremias já alertava que o caminho da sobrevivência passava pela aceitação do jugo do rei da Babilônia (Jr 27,1-11). Manter a identidade, mesmo submetido politicamente, é o caminho seguro para que o povo de Deus possa continuar sua missão.

A profecia de Jeremias encontra eco nas palavras de Ezequiel. Este profeta mostra que Deus não está preso a uma determinada terra. Deus está ali onde seu povo se encontra (Ez 11,22-25). Se o povo está no exílio, Deus também acompanhou seu povo para Babilônia. Assim, mesmo distante da terra natal, o povo pode continuar a celebrar a presença de Deus (Sl 137). Dessa forma, lentamente, o povo vai recuperando sua identidade. Entre o povo exilado vai surgindo uma nova consciência: mesmo longe de Judá, eles são os *judeus*. Mesmo exilados, o povo não se dispersará no meio de outras nações. Esta é a base do judaísmo até os dias de hoje.

6.3 A esperança para o povo

Passada a primeira, e mais aguda, fase do exílio, surge em meio aos exilados na Babilônia um outro profeta, cujo nome não sabemos. Suas palavras foram preservadas no livro do Profeta Isaías, entre os capítulos 40 a 55. Por isso mesmo, ele é chamado de *Dêutero* (ou Segundo) *Isaías*. Seu livro, também conhecido como Livro da Consolação, é um dos mais importantes livros da Bíblia. Este livro é um marco porque mostra o caminho escolhido pelo povo para não perder sua esperança e manter sua identidade. Este caminho foi a releitura da história e da profecia, a partir da crise gerada pelo exílio.

Não sabemos exatamente quando este trabalho começou. Nesse trabalho, em primeiro lugar, foram relidos os textos proféticos que circulavam pelos antigos santuários, como as sagas de Elias e de Eliseu. Esses textos já estavam incluídos dentro da Obra Deuteronomista de História, reunindo os atuais livros de *Josué*, *Juízes*, *1* e *2 Samuel* e *1* e *2 Reis*. Mas esta História Deuteronomista também é relida a partir da crise do exílio, recebendo sua versão definitiva. O ponto alto desta releitura é mostrar que Deus continuamente advertia seu povo para suas faltas e transgressões através de seus servos, os profetas. Mas o povo não deu ouvidos aos mensageiros de Deus, e assim a catástrofe tinha acontecido. Mas havia ainda um caminho para que houvesse um retorno. A história toda deve ser lida dentro do esquema "transgressão/falta/pecado – castigo (o exílio) – conversão (voltar-se para Deus e o seu projeto) – libertação (o povo voltaria para Judá)". Tal esquema encontra-se bem-definido em Jz 3,7-11. O momento que o povo vivia era de conversão total e sincera, aguardando o sinal libertador de Deus (cf. 2Rs 25,27-30).

A crise do exílio levou à canonização da literatura profética. Os textos dos profetas do século VIII (*Amós* e *Oseias*; *Isaías* e *Miqueias*) foram recuperados e acolhidos como sinais de Deus. A literatura profética passa a ter uma autoridade que não tinha antes do exílio. O mesmo acontece com os profetas contemporâneos à catástrofe, principalmente Jeremias. Os seguidores de Jeremias deveriam ser muitos e bastante atuantes. As palavras do profeta contra a elite dirigente de Judá estavam na memória de muitos. Neste processo de releitura, o livro do Profeta *Jeremias* recebeu muitos acréscimos e reelaborações. Toda a experiência do governo de Godolias foi acrescentada à pregação anterior do profeta (cf. Jr 40,7–43,7).

Na comunidade dos exilados em Babilônia surgiu entre os sacerdotes um profeta chamado *Ezequiel*. Era membro de uma família sacerdotal, da linhagem de Sadoc. Foi levado para o exílio na primeira leva (597 a.C.). Sua atuação marca uma transformação radical na profecia. Ezequiel é o primeiro profeta a exercer sua atividade longe da terra, da cidade de Jerusalém, do recinto sagrado do templo. Sua profecia consiste em lembrar aos exilados que Deus está onde estiver reunido seu povo. Deus está ligado ao povo e não à terra. O povo pode cultuar a Javé mesmo numa terra estrangeira. Mas, ao mesmo tempo, Ezequiel, ou os grupos a ele ligados, começam a esboçar um projeto de restauração para o povo na terra prometida (Ez 40–48). Este projeto, centrado na casta sacerdotal, terá muita importância na época persa.

Por volta de 550-540 a.C. surge o Dêutero-Isaías, como já falamos acima. Ele fala para uma segunda geração de exilados na Babilônia, pedindo que todos acolham os sinais que o tempo estava trazendo. Para este profeta, o maior dos sinais era a atividade de um rei diferente. Este rei era Ciro, rei dos persas (Is 41,1-5; 46,1-7), que estava conquistando todos os estados ao redor da Babilônia. Quando Ciro chegasse à Babilônia, os exilados seriam libertados. Dessa forma, o profeta tem a coragem de apontar um rei estrangeiro como o libertador e o messias do povo de Deus. Percebemos também, numa análise do livro, que o grupo do Dêutero-Isaías está mais ligado à pregação de Jeremias. Anunciando um novo êxodo ao povo, o profeta convoca os exilados para uma reconstrução de Judá, bem diferente daquela proposta pelo grupo de Ezequiel. Com vários conceitos novos, como "evangelho" e "Reino de Deus" (Is 52,7), a pregação do Dêutero-Isaías foi de grande importância para os seguidores e seguidoras de Jesus de Nazaré.

6.4 Um divisor de águas

Na história do povo de Deus, o período do exílio da Babilônia é um divisor de águas. Até hoje os judeus dividem sua história em período do primeiro templo (de Abraão até o exílio) e o período do segundo templo (de 538 a.c. até 70 d.C.). Também nos estudos bíblicos falamos do período "pré-exílico" e período "pós-exílico".

Dessa forma, vemos que o exílio deixou marcas profundas no povo, como também na literatura presente na Bíblia. É certo que, depois do exílio, Judá deixou de ser uma nação independente e passou a ser uma pequena colônia de imensos impérios, como o Império Persa, o Império Macedônico e o Império Romano. Durante muito tempo não haverá reis, ficando o poder nas mãos de um imperador distante, que ninguém conhecia. A religião dos opressores era uma ameaça constante. Muita gente que não foi para a Babilônia tinha abandonado a religião de Javé e se voltado para cultos pré-israelitas. Mas dentro do curto tempo de exílio o povo descobriu novos caminhos para superar suas dificuldades, manter a fé recebida de seus antepassados e se lançar na aventura de reconstruir seu país.

A Bíblia surge neste contexto de exílio. Nesta época, os livros começam a ser colecionados para servir de apoio na liturgia e no ensino. No final do período do exílio, a coleção dos livros históricos está praticamente pronta. O cânon dos livros proféticos também. Temos também as coleções sapienciais de Salmos e de Provérbios. Esta coleção encontrará sua forma definitiva ao longo da época persa.

7
O período persa
De 538 a 333 a.C.

7.1 O Império Persa

Os persas são tribos de povos indo-iranianos, que vieram do norte e ocuparam o planalto do atual Irã. Ocupando o antigo reino do Elam, os persas quebraram o domínio dos povos semitas do Oriente Médio. Quando, em 539 a.C., o rei persa Ciro conquista a Babilônia, ele já controlava todos os demais estados ao redor de seu reino de Ashan. Babilônia é uma de suas últimas conquistas. Controlando a Babilônia, Ciro consegue uma certa unidade territorial para seu império. Para Ciro, a busca desta unidade visava atingir um objetivo presente já no antigo Império Assírio: controlar as rotas comerciais que uniam o Egito à Mesopotâmia.

Com a conquista da Babilônia, Ciro conseguiu estabelecer uma comunicação direta entre o planalto iraniano e a fronteira com o Egito. As conquistas anteriores na Anatólia (Lídia) já permitiam a ligação da Pérsia com a costa jônica e as cidades gregas. Agora (539 a.C.), os persas tinham o controle das rotas comerciais desde o planalto iraniano até as Torrentes do Egito, desde o Mar Negro até o Golfo Pérsico. De todo o espaço geográfico conhecido como o Crescente Fértil, faltava ocupar apenas o Vale do Nilo. Posteriormente, o caminho natural seria a ocupação do Vale do

Rio Indo, o atual Paquistão. Os futuros passos do Império Persa estavam traçados por Ciro. Seus sucessores seguiram este caminho de conquistas. Agindo desta forma, os persas construíram o maior império da Antiguidade.

Um império deste tamanho trouxe vários desafios ao governo persa. Afinal, todo o Império Neobabilônico foi transformado numa província, que os persas chamavam de "satrapia". Dentro desta satrapia da Babilônia estava a pequena província de Judá. Conseguir uma unidade político-administrativa entre satrapias grandes e poderosas exigiu a total centralização administrativa por parte do rei persa. Mas a insuficiência de gente preparada fez com que os persas tivessem que dar, ao mesmo tempo, uma grande autonomia administrativa aos sátrapas. Este desafio foi vencido com o estabelecimento de duas linhas de administração paralelas. De um lado, a via direta que ligava o rei ao sátrapa. O sátrapa era, na verdade, um pequeno rei. Cabia a ele o comando civil, militar e fiscal da satrapia, prestando contas unicamente ao rei. Mas, ao lado desta linha administrativa, havia a via indireta. O rei montou um esquema de sua total confiança, com funcionários selecionados, chamados de "os olhos e os ouvidos do rei". Estes funcionários percorriam as satrapias com total autonomia, removendo oficiais, controlando os gastos e evitando revoltas. Segurando firmemente estas duas linhas, como duas rédeas, o rei tinha o controle total do império.

Os persas também fizeram mudanças radicais no sistema de arrecadação tributária. Antes os impostos eram pagos em espécie ou em pesos de prata. Os persas disseminaram a moeda, uma invenção dos gregos. Padronizando a moeda em um peso fixo em ouro, surgiram os *daricos* imperiais que passaram a determinar as taxas e tributos dentro do império. Esta foi a primeira unidade monetária reconhecida por todos os comerciantes do Antigo Oriente Médio. A padronização monetária feita pelos persas incentivou o comércio e as trocas por todo o império e mesmo fora dele.

7.2 O retorno dos exilados

Um dos principais eixos da política persa, buscando evitar revoltas nas satrapias, era uma tolerante política religiosa. Os persas não impunham suas divindades aos povos conquistados. Dentro desta política, Ciro entra na Babilônia acolhido como um libertador pelos sacerdotes babilônios do deus Marduk, que se sentiam marginalizados pela política religiosa de Nabonido, o último rei babilônio. Da mesma forma, Ciro permitiu que as estátuas dos deuses que os babilônios tinham capturado fossem devolvidas aos santuários de origem. É dentro desta política de tolerância religiosa que podemos entender o Decreto de Ciro (Esd 1,2-4; 6,3-5; 2Cr 36,23) permitindo a volta dos judeus exilados, a devolução dos objetos sagrados e a permissão para a reconstrução do templo de Jerusalém, dedicado ao Deus Altíssimo.

O retorno dos exilados aconteceu com muitas dificuldades. Segundo o relato oficial, presente no livro de Esdras (Esd 1,7-11), logo após o decreto de Ciro, um grupo de exilados comandado pelo Príncipe Sassabasar retornou a Judá. Sassabasar recebeu o título de *pehah*, palavra que significa "governador" (Esd 5,13), sinal de que Judá era uma província autônoma dentro da satrapia da Babilônia. Esse grupo, ao que tudo indica, não consegue muita coisa. Jerusalém continua vazia e abandonada. Fala-se que o culto foi restaurado (Esd 5,13-16), o que provavelmente aconteceu, já que muitos sacerdotes sadoquitas devem ter voltado para o seu santuário de Jerusalém. Mas nada indica que Jerusalém tenha voltado a ser a capital da província de Judá.

Quando uma segunda leva volta, já no reinado de Dario (521-486 a.C.) (Esd 3; Ag), alguns personagens se destacam. De um lado, temos como governador um descendente de Davi, chamado Zorobabel. Ao lado dele temos, ao menos num primeiro momento, o Sacerdote Josué, da casa de Sadoc. Surgem também dois profetas, Ageu e Zacarias. Provavelmente ambos são sacerdotes retornados do exílio. Pelo conteúdo de seu livro, Zacarias é um sacerdote que segue a linha profética de Ezequiel. Existe muita suposição que Zorobabel tenha ambicionado a coroa de Judá, já que era descendente da casa real de Davi. Os oráculos presentes no livro de Ageu nos dão a entender que, paralelo à reconstrução do templo de Jerusalém, tenha acontecido um princípio de revolta contra a ocupação persa, comandada por Zorobabel. Na verdade, a força política de um governante em Judá, nesta época, contando com escassos recursos e pouco apoio entre o povo que não foi para o exílio, deve ser descartada. Zorobabel desaparece da história da reconstrução porque, provavelmente, não tinha força política para devolver a Jerusalém sua antiga condição de capital. O governo da província permaneceu no santuário de Masfa até a vinda de Neemias.

O dado histórico mais evidente desta época é o mandato do Governador Neemias, entre 445 e 433 a.C. (Ne 1,1; 5,14). Neemias, alto oficial da burocracia persa, morava em Susa, capital do império. Ele veio como governador nomeado pelo próprio rei persa. Sua força vinha da proteção do rei e de um destacamento de soldados colocados sob seu comando. Suas tarefas eram repovoar Jerusalém, reconstruir os muros da cidade e restabelecer a centralidade religiosa de Jerusalém para servir de centro jurídico-administrativo da província de Judá. Sua tarefa não se fez sem resistências dos remanescentes, aqueles que não foram para o exílio. Mas ao final de um governo bastante longo, ele consegue restabelecer Jerusalém como o único centro religioso do judaísmo. Certamente partiu dele a uniformização jurídica entre os remanescentes e os retornados, com a supremacia política destes últimos. Aqui podemos aceitar que aquelas famílias de remanescentes que foram expulsas ou que não se enquadraram às medidas de Neemias retiraram-se para a vizinha província de Samaria e estabeleceram-se em torno do antigo santuário do Monte Garizim, dando origem ao grupo religioso que mais tarde será conhecido genericamente como os "samaritanos".

Este processo de retorno dos exilados, chamados no texto bíblico de *Golá* (os desterrados, cf. Jr 29,4; Zc 6,10; Esd 1,11; 9,4), mostra que a história do povo de Deus inclui dois grupos em conflito. Assim, temos a *Golá*, os que retornam do exílio com muito poder e muita força, respaldados na política imperial que busca criar um Estado tampão entre o Egito e a Mesopotâmia. Esta elite judaica que retorna vai querer recuperar tudo o que perdeu com a destruição de 598-586 a.C. Inclusive suas terras familiares. Neste seu objetivo, ela entra em choque com os remanescentes, os que ficaram na terra de Judá durante o tempo do exílio. Este grupo tinha ficado em Judá, ocupando as terras redistribuídas pelos babilônios (Jr 39,10), e aceitava a nova liderança que passou a governar o país a partir de Masfa (2Rs 25,10; Jr 40,6). Assim, a literatura da época persa apresenta-se em conflito. De um lado, temos livros que respaldam a política imperial persa, como as narrativas históricas de Esdras-Neemias e os livros das Crônicas. Por outro lado temos uma literatura de resistência à centralização do país em Jerusalém, atribuída aos remanescentes. São livros como o livro profético do III Isaías (Is 56–66), Jonas e os livros sapienciais de Rute, Jó e Cânticos.

7.3 A teologia da retribuição

Uma das principais tarefas da classe sacerdotal sadoquita, novamente hegemônica devido ao seu controle do santuário de Jerusalém, foi a de implantar as normas jurídico-litúrgicas presentes na coleção de livros conhecida como Pentateuco. Estes cinco livros (Gênesis, Êxodo, Levítico, Números e Deuteronômio), conhecidos como Torá ou Lei, passam a definir as normas para o culto e a determinar quem dele poderia participar. A proposta deste grupo sacerdotal é conhecida como Teologia da Retribuição.

Segundo esta teologia, Deus retribuirá com bênçãos ao fiel que lhe oferecer o sacrifício perfeito. A perfeição de um sacrifício estava nas normas determinadas pelo livro do *Levítico* (Lv 17; 21–22). Assim o fiel, ao oferecer seu sacrifício, deveria estar ritualmente puro. A sua oferta também deveria ser pura e dentro das normas prescritas. O único santuário que garantia a perfeição do sacrifício era o recinto sagrado do templo de Jerusalém. O oficiante teria que ser um sacerdote da casa de Sadoc.

Caso este sacrifício fosse oferecido dentro destas prescrições, o fiel receberia de Deus as bênçãos que garantiam sua santificação. Entre as bênçãos de Deus estavam a saúde, a vida longa, a riqueza, a terra fértil, a colheita farta, a descendência que garantia a perpetuidade do nome familiar do fiel. Tal teologia, no entanto, colocou o povo dentro de uma enorme prisão teológica. Afinal, a ausência desta bênção passava a significar uma maldição de Deus para a pessoa. Desta forma eram vistos como impuros e malditos todos os enfermos, os pobres, as mulheres estéreis, os migrantes, as viúvas, os órfãos, os que morriam cedo, os estrangeiros. Com o tempo, gente que exercia profissões consideradas "suspeitas", como pastores, barbeiros, médicos, comerciantes, passaram a ser considerados também impuros. Assim, havia uma enorme multidão de gente que não podia seguir as prescrições do Levítico e ficou totalmente marginalizada do sistema religioso da época. Apenas num único dia, o dia do Grande Perdão ou dia da Grande Expiação (Lv 16), com o ritual do bode expiatório, o povo ficava totalmente purificado. Mas logo o exercício das diferentes profissões fazia com que o povo mergulhasse novamente na impureza ritual, ficando impedido de entrar em comunhão com Deus. É aqui que entendemos a prática libertadora de Jesus de Nazaré.

7.4 Uma literatura conflitante

Apesar de refletir pouco sobre sua própria época e de elaborar poucos livros que narrem os acontecimentos contemporâneos ao período de ocupação dos persas, a comunidade de Judá apresenta uma intensa atividade literária. Na época persa, o Antigo Testamento fica praticamente pronto.

Por volta dos séculos V/IV a.C. surge a redação definitiva do conjunto de livros conhecido como Pentateuco. Provavelmente o Pentateuco servia de base jurídica para a administração da justiça pelo templo de Jerusalém, conforme o costume persa de transformar templos de povos conquistados em tribunais de primeira instância. Este conjunto é a reunião, bastante artificial, de cinco tomos com histórias independentes.

1. Temos no primeiro livro, *Gênesis*, a reunião de dois livros distintos: de um lado, temos os mitos de origem, redigidos durante o exílio na Babilônia (Gn 1–11). Ao lado dele, temos um longo livro narrando a história dos patriarcas e das matriarcas do povo de Deus (Gn 12–50). Reunindo sagas dos antepassados, algumas histórias pitorescas e lendas antigas, este livro recebeu sua redação definitiva após o exílio mostrando o exemplo de Abraão que também foi chamado de Ur dos caldeus para formar uma grande nação na terra que Deus tinha prometido a ele e a seus descendentes.

2. O segundo livro, o *Êxodo*, também mostra uma redação bastante diferenciada. Aí temos todas as peripécias que resultaram na libertação do povo do jugo do faraó (Ex 1–15), a travessia pelo deserto (Ex 16–18) e a Aliança com Deus no Sinai (Ex 19–24). Este livro se complementa com uma série de leis coletadas ao longo da caminhada do povo e com as descrições minuciosas do templo, do altar e dos sacrifícios (Ex 25–40).

3. No meio deste bloco temos o principal livro elaborado durante a época persa. É o livro do *Levítico*. Ele é o coração do

Pentateuco. Nele encontra-se o principal código de leis sustentando a religião oficial centrada no templo de Jerusalém. É o Código de Santidade (Lv 17–25), prescrevendo a Teologia da Retribuição, base da religião do segundo templo.

4. O quarto livro é *Números*, a continuação natural do livro do Êxodo. Ele começa com um detalhado recenseamento, fato que deu origem ao nome do livro (Nm 1–4). Seguem-se leis e normas atribuídas a Moisés (Nm 5–8). Depois temos a continuação da peregrinação do povo de Deus pelo deserto até chegar à Terra Prometida (Nm 9–36). Certas passagens de Números são antigas e preservam o relato sobre o êxodo num livro que se perdeu, o livro das Guerras de Javé (Nm 21,10-31).

5. Já o livro do *Deuteronômio* deve ter surgido como base legal para a reforma religiosa promovida pelo Rei Josias. A teologia presente neste livro, originada nas lutas proféticas no antigo Reino de Israel, serviu para a longa revisão histórica elaborada na Obra Deuteronomista de História e que engloba os livros Josué, Juízes, 1 e 2 Samuel e 1 e 2 Reis. Provavelmente o Deuteronômio encabeçava esta coleção. Neste livro temos cinco discursos de Moisés legitimando um novo Código de Leis, conhecido como Código Deuteronômico (Dt 12–26). O nome do livro vem da junção entre duas palavras em grego: *deuteros*, que significa "segundo", e *nomos*, que significa "lei". O Deuteronômio é a "segunda lei", ao lado das outras contidas nos livros anteriores.

Embora seja uma época bastante rica em fatos históricos, a historiografia da época persa é muito pobre. Não temos nenhum escrito sistemático narrando os acontecimentos ocorridos em Judá durante o domínio dos persas. Há uma narrativa histórica que relê a história pré-exílica, lida agora na perspectiva da classe sacerdotal sadoquita. São os dois livros das *Crônicas*. O objetivo desta obra histórica é mostrar que a linhagem sacerdotal sadoquita é a legítima herdeira da dinastia davídica. O sumo sacerdote sadoquita é o único sucessor do antigo rei davídico. Ao lado destes livros temos o livro de *Esdras* e o livro de *Neemias*, únicos ensaios historiográficos que narram acontecimentos contemporâneos ao domínio dos persas. Os dois principais protagonistas na verdade são agentes do império que vieram para Judá em épocas de crise, quando as revoltas no vizinho Egito pediam um administrador em Judá que fosse da confiança do rei persa.

O projeto oficial encontra respaldo na profecia desta época. Temos alguns profetas que também são sacerdotes, como *Ageu*, *Zacarias* e *Malaquias*. Nas profecias de *Joel* já encontramos traços da futura literatura apocalíptica.

Ao lado desta literatura oficial, sustentando o projeto sacerdotal da casa de Sadoc e impondo o templo de Jerusalém como o único centro religioso de Israel, surge uma literatura de resistência popular a este projeto oficial. Esta literatura começa com as profecias de grupos religiosos do interior, provavelmente ligados ao velho santuário de Masfa, que questionam a reconstrução do templo. São os oráculos reunidos no livro do Profeta Isaías, conhecido como o *Trito-Isaías* (Is 56–66). Estes grupos também se manifestam num tipo de literatura popular chamada de "Novelas". Um bom exemplo de uma novela bíblica é o livro de *Rute*. Este livro é uma peça teatral em quatro atos. Ele narra a história de duas mulheres viúvas, Noemi e Rute. A protagonista do livro é uma mulher estrangeira, sobre quem pesam todas as leis decretadas pelo processo centralizador de Neemias e Esdras (cf. Esd 10). Ambas conseguem reaver os direitos tribais para Noemi, recuperando sua terra e garantindo sua descendência. Nesta mesma proposta surgiram na época persa os livros de *Ester*, *Jonas* e *Tobias*.

Outra literatura que vai sendo organizada, provavelmente devido à restauração da liturgia no templo, é o Saltério, a coleção de 150 hinos e cânticos que formam o livro dos *Salmos*. O Saltério é dividido também em cinco livros e guarda coleções bem-definidas como os salmos do rei, os salmos de peregrinação (Sl 120–134), os salmos dos filhos de Coré (Sl 42–49; 84–85), os salmos de Asaf (Sl 50; 73–83).

Ao mesmo tempo, a literatura sapiencial vai sendo organizada. O antigo livro dos *Provérbios* recebe sua redação definitiva. Surgem livros preservando as tradições camponesas, como o livro *Cântico dos Cânticos* e o livro de *Jó*. Na organização da Bíblia Hebraica este conjunto é conhecido como os Escritos, colocados ao lado da Lei (Torá) e dos Profetas. Tal estrutura definiu o conjunto que hoje chamamos de Bíblia. No final da época persa este conjunto está praticamente pronto, mas ainda não totalmente canonizado. Isso significa que não havia um consenso sobre os livros que seriam ou não sagrados para a comunidade. Tal definição só viria depois do desastre do ano 70 d.C., quando o segundo templo foi destruído pelos romanos. De qualquer maneira, o surgimento e a padronização desta coleção marcam a vitória definitiva dos retornados sobre os remanescentes.

8
O período grego
Entre 333 e 63 a.C.

8.1 O domínio dos gregos

A presença dos gregos no Oriente Médio é marcante a partir do século V a.C., quando mercadores gregos começaram a estabelecer rotas comerciais entre as ilhas gregas e a costa oriental do Mediterrâneo. Os gregos assimilaram muitos conhecimentos destas regiões. O comércio com a Fenícia trouxe aos gregos o conhecimento do papel e da escrita alfabética. Mesmo com a modificação dos desenhos das letras, o som delas continuava uma corruptela semítica (alfa, beta, gama etc.). Dessa forma, vemos que a penetração comercial grega abriu caminho para a posterior conquista militar.

Esta conquista só foi conseguida pelos macedônios de Alexandre Magno nas últimas décadas do século IV a.C. A Macedônia era uma região periférica na Grécia Clássica. Com a queda do poderio das cidades-Estado, como Atenas e Esparta, os macedônios, sob Felipe II, conseguiram estender sua hegemonia sobre os outros estados gregos. Coube a Alexandre, filho de Filipe II, começar uma expansão que o levou até o Vale do Indo. Vencendo o rei persa Dario III na Batalha de Arbela (331 a.C.), Alexandre conquista todo o Império Persa, desde o Egito até a Índia (326 a.C.). Voltando de sua excursão pelo Vale do Indo, ele decide estabelecer sua capital em Babilônia, a principal cidade do mundo de então (323 a.C.). Lá ele morre de febre, aos 33 anos, sem deixar um único herdeiro para controlar seu vasto império.

Começa então uma luta entre seus generais, cada um outorgando-se o título de sucessor de Alexandre. Os *diadokos* irão se eliminando sucessivamente, até chegarem a um acordo tácito, por volta de 301 a.C., quando dividiram o império entre eles. Ao General Ptolomeu Lagos coube o Egito e a Palestina; ao General Seleuco coube a costa mediterrânea da Síria e toda a Mesopotâmia. Outros generais ficaram com a Macedônia e a Grécia. Este quadro se manterá por uns cem anos, quando, então, Roma, a potência sucessora das glórias de Alexandre, controlará, gradativamente, todos estes estados macedônicos (189 a.C.). Chamamos estes reinos surgidos após a conquista de Alexandre de estados helenizados. São antigas formações sociais tributárias, governadas por uma elite grega com visão socioeconômica escravagista, controlando o campo a partir de uma cidade dominante, a *pólis*. O maior exemplo desta forma nova de governo é o Egito helenista.

O Egito passa a ser governado a partir de Alexandria, uma cidade nova, fundada por Alexandre em 331 a.C. Desta única *pólis*, os macedônios controlaram todo o Vale do Nilo. Os ptolomeus, principalmente depois da reforma administrativa adotada por Ptolomeu II Filadelfo (285-246 a.C.), construíram um Estado helenizado adotando políticas tributárias e escravagistas. Seguindo o princípio de que "toda terra pertence ao faraó" (cf. Gn 47,20), o General Ptolomeu I fez-se coroar faraó, adotando o título de *Soter*, palavra grega que significa "salvador". Tal medida mostra que os dominadores adotaram o princípio tributário da divinização do governante, o que não era um costume grego. Os macedônios dividiram então o Egito em pequenas unidades administrativas, chamadas *dioceses*. À frente de cada unidade destas, o governo central colocava três funcionários: um *estrategós*, responsável pela guarnição militar, um *dioiketes*, que era responsável pela administração civil, e um *episkopos*, o funcionário responsável pela supervisão dos serviços e a comunicação entre a unidade administrativa e o governo central. Este sistema foi mantido pelos romanos quando o Egito foi conquistado por eles em 35 a.C. Posteriormente os romanos adotaram este sistema de dioceses em todo o seu império.

Com a chegada dos macedônios, a antiga província persa da Judeia sofre uma radical mudança administrativa. Os ptolomeus dominarão a Palestina entre 300 e 200 a.C. Nesta época, eles transformam a Judeia numa *etné*. Desta forma, o pequeno território da Judeia passou a ser uma unidade territorial com autonomia religiosa, já que possuía uma população predominantemente de judeus. Para governar esta unidade administrativa, com o título de *etnarca*, os macedônios nomearam o próprio sumo sacerdote. Esta união entre o poder religioso e o poder civil será trágica para a família sacerdotal sadoquita. Sendo um cargo religioso, conforme as leis do Pentateuco, o cargo de sumo sacerdote era hereditário. Mas, dentro das normas gregas, o cargo de *etnarca* era de confiança do rei e seria nomeado o funcionário que conseguisse o posto através de um leilão. Esta mistura de poderes mostrará seu lado negativo na futura administração dos macedônios em Antioquia.

8.2 O fenômeno da bitributação

A grande novidade trazida pelos gregos foi a visibilidade do lucro através da popularização do dinheiro, com as moedas atingindo as mais distantes aldeias da Judeia. Este dinheiro circulante vai fazer com que, aos poucos, termine o escambo, ou seja, a troca de mercadorias por mercadorias. Surge o comércio monetarizado. As aldeias dentro da *etné* continuavam trazendo para o templo de Jerusalém os produtos agrícolas, seguindo o esquema dos dízimos prescritos nos livros do Levítico e do Deuteronômio. Mas o sistema do templo, para conseguir lucros, deveria estar atrelado ao comércio internacional dominado por Alexandria. O templo vende, então, estes produtos recolhidos. Parte do dinheiro arrecadado serve para pagar os impostos e taxas cobrados pelo governo central de Alexandria. O restante deste dinheiro ficava depositado no templo, que, assim, transformou-se no banco do Estado. Muitas vezes os reis macedônios, em crises financeiras devido às inúmeras guerras com Roma, saquearão os templos, inclusive o de Jerusalém (cf. 2Mc 5,15).

Ao mesmo tempo, o sistema de propriedade de terras familiares, sustentado ao longo de todo o tempo da história do povo de Deus, começa a mudar. Os gregos implantam a propriedade privada da terra e o trabalho escravo. Surgem os grandes latifúndios, principalmente na Galileia. A política chamada de "helenização" significa mudança no estatuto da terra, dominação do campo através da *pólis*, implantação do trabalho escravo com a consequente perda dos direitos dos camponeses, latifúndios e comercialização dos produtos. O sistema econômico dos gregos desestrutura totalmente o estilo de vida das aldeias da Judeia.

O povo encara o sistema econômico dos gregos como uma besta destruidora (Dn 7,7-8). Mas a classe dominante está encantada com os benefícios trazidos pela dominação grega. Na verdade, a classe sacerdotal se vê atrelada ao dominador, já que apenas através do comércio nas mãos dos macedônios conseguiria vender os produtos arrecadados pelo templo. O sistema tributário continuará a drenar os recursos das aldeias. Mas o sistema de pagamento dos macedônios continuará a pedir outros impostos. Começa, então, um processo em que as aldeias devem garantir o pagamento dos dízimos para o templo e o pagamento das taxas e impostos para os gregos. O templo passa a exigir maior aporte de produtos para garantir os pagamentos e os lucros da classe sacerdotal. Este sistema gerará um contínuo empobrecimento e uma série de revoltas dos camponeses que não aceitam esta situação. De revolta em revolta, os camponeses conseguirão vitórias como a dos Macabeus (167-164 a.C.), e derrotas como a da Guerra Judaica (66-70 d.C.). Este estado contínuo de revoltas contra a bitributação durará até o Império Romano tomar a decisão de transformar a *etné* da Judeia numa colônia romana em 135 d.C.

8.3 A literatura desta época

A primeira manifestação literária da Judeia sob o domínio dos macedônios é uma reflexão sapiencial esboçada no livro do *Eclesiastes* ou *Coélet*. A análise feita pelo Coélet parte do princípio de que a monetarização está ameaçando a vida das aldeias. Sua reflexão começa com a pergunta: O que fazer ao ir à Casa de Deus? (4,17–5,1). O livro critica a teologia da retribuição e analisa a estrutura administrativa do império. A realidade da pobreza, da miséria e da injustiça são frutos de uma administração centralizada que suga a produção das aldeias. O rei é tributário da agricultura. O que a aldeia planta vai sustentando toda uma pirâmide cuja base é a aldeia que, com seu trabalho, sustenta a cidade, já que seus produtos são levados para o templo e para o comércio, gerando dinheiro e lucros. Este lucro, por meio de impostos e taxas, acaba nas mãos do rei (cf. Ecl 5,7-8). O que move esta máquina é o "amor ao dinheiro" (5,9).

Outra manifestação literária, também de cunho sapiencial, surgiu já na época em que a Judeia sai das mãos dos macedônios de Alexandria para cair nas mãos dos macedônios de Antioquia. Estamos entre os anos 198 e 176 a.C. É a reflexão de um sábio de Jerusalém chamado de Jesus, filho de Sirac. O livro que ele escreveu é conhecido como *Eclesiástico* ou *Sirácida*. É um livro que busca sistematizar a antiga sabedoria do povo como uma resistência à invasão cultural dos gregos. Ele toma posições bem conservadoras em relação às mulheres (Eclo 25,13-26), às crianças (Eclo

30,1-13) e aos escravos (Eclo 33,25-33). No entanto, uma leitura de seus textos na ótica da denúncia do sistema econômico grego nos revela que o velho sábio apresenta observações extremamente agudas sobre a perversão do mercado na sociedade de seu tempo (cf. Eclo 26,29–27,3; 29,1-7; 34,21-31).

Surge nesta época, dentro da ampla reação popular ao domínio dos gregos, a mentalidade, a espiritualidade e os escritos apocalípticos. A apocalíptica é a antiga profecia que ressurge numa nova forma de pensar e de agir. É a profecia numa época de crise e de perseguições, quando as aldeias da Judeia começam a perceber que suas velhas estruturas estão caindo sob as novidades trazidas pela cultura grega. A reação aos gregos vai culminar nos eventos que desencadeiam a revolta popular comandada pelos Macabeus. Um pouco antes da revolta, surge o único livro apocalíptico aceito no cânon do Primeiro Testamento. É o livro de *Daniel*.

Temos também a continuidade das novelas populares de resistência. Nesta linha, temos o livro de *Judite* e parte do livro de Ester, bem como as histórias da casta Suzana e a de Bel e o dragão que, posteriormente, foram anexadas ao livro de *Daniel*. A historiografia é retomada durante o curto período de independência sob os hasmoneus (entre 152 e 63 a.C.). Desta época são os dois livros dos *Macabeus*. Esta historiografia tem por objetivo legitimar a dinastia dos hasmoneus aos olhos do povo como linhagem sacerdotal legítima, já que não pertencia à linhagem tradicional dos sadoquitas.

Embora a literatura desta época seja pequena dentro do cânon, a época grega gerou uma série de livros apocalípticos que não foram aceitos como canônicos. Mas esta literatura é importante porque sua influência se faz sentir na futura comunidade cristã. Livros como o *Livro dos Sonhos* (Henoc 83-90) retratam bem o lento surgimento da literatura apocalíptica.

Um outro ponto que temos de destacar aqui é a produção literária da Diáspora, ou seja, os livros que surgiram nas comunidades judaicas fora da Palestina. Na comunidade de Alexandria, pela metade do século III a.C., surge uma tradução grega das Escrituras conhecida como a Tradução dos Setenta ou *Septuaginta*. Esta tradução foi a Bíblia usada pelas comunidades cristãs espalhadas pelas cidades do Império Romano. Também em Alexandria, por volta do ano 50 a.C., quando o Egito já era então uma colônia romana, surgiu o livro que traduz bem o pensamento de um judeu que vive mergulhado no mundo helenístico. É o livro da *Sabedoria*. O nome oficial do livro é *Sabedoria de Salomão* e reúne sentenças e provérbios que refletem sobre a vida do justo, concluindo com uma meditação sobre o êxodo.

9
O Novo Testamento

Historicamente, entende-se por Novo Testamento o período decorrente no primeiro século depois de Cristo. Trata-se, portanto, do contexto de ocupação da Palestina pelo Império Romano. A apresentação que será feita na última parte deste livro tem como objetivo possibilitar uma visão ampla sobre este período, colocando em evidência os elementos estruturantes da sociedade na época de Jesus.

De modo geral, na maior parte dos livros se procura seguir um esquema, onde se faz uma divisão metodológica através dos principais pontos norteadores de qualquer sociedade: econômicos, políticos, sociais e religiosos ou ideológicos. Este método é interessante e importante dentro de uma visão crítica que procura fazer uma leitura dos textos sagrados dentro de uma dupla intenção: primeiro, buscar o sentido do texto aprofundando o contexto onde foi escrito, isto é, o ambiente onde o texto foi vivido, contado e finalmente escrito; segundo, tornar o texto presente na vida do leitor, através do confronto com a sua realidade. O conhecimento do momento histórico passado é importante, mas não basta. É preciso que haja uma inter-relação entre este passado do texto e o presente do leitor.

Neste estudo do período do Novo Testamento será adotada esta metodologia de leitura, porém dentro de uma apresentação diferente, procurando dividir este primeiro século em etapas, de acordo com os seus principais acontecimentos dentro do contexto nacional da Palestina e internacional do Império Romano.

9.1 Antecedentes

9.1.1 Da chegada dos romanos até Herodes o Grande

O contato entre romanos e judeus ocorre por volta da primeira metade do século II a.c., quando as diferentes monarquias originadas das conquistas de Alexandre no Mediterrâneo oriental estão divididas entre si: Lágidas no Egito, Selêucidas na Síria, Antigônidas na Macedônia e ainda um pequeno reino no extremo oeste da Ásia governado pelos Atálidas. Através destes reinos, a cultura grega se espalha sobre o Oriente, formando a chamada "civilização helenística".

O que é helenismo

Trata-se de uma cultura que superou os limites de fronteiras geográficas. Ser grego ou helênico não era uma questão de nacionalidade, mas de mentalidade marcada pela novidade de um pensamento onde havia uma valorização da sabedoria, da liberdade, da beleza do corpo, dentro de uma filosofia que se impõe aos poucos na vida das culturas orientais. A religião também se apresentava de maneira nova, diferente, misturando-se aos esportes através dos cultos em homenagem aos deuses do Olimpo, originando os famosos jogos olímpicos da Antiguidade. Através do helenismo, uma cultura "globalizada" se expande e invade a vida familiar, os costumes, valores, língua, política e religião. Ser helenizado significava o mesmo que ser cidadão do mundo.

Durante o último século a.C., Roma esteve envolvida em situações que causaram profundas transformações: revoltas internas, guerras externas e, principalmente, a mudança do sistema de governo da República para o primeiro sistema de triunvirato com Pompeu, Crasso e César e, finalmente, chegando ao império. Em meio a este conturbado período, acontece a dominação do Oriente por meio das tropas romanas, comandadas por Pompeu, tornando a Síria uma província e a Judeia um protetorado romano em 63 a.C.

Embora fosse uma monarquia, o Império Romano sempre esteve estruturado como uma república, com o poder distribuído entre vários encargos. O cônsul, com mandato de um ano, tinha o poder executivo, enquanto que o Senado, presidido por um "príncipe", palavra que significa "o primeiro cidadão", tinha o poder legislativo. O poder militar pertencia ao Senado que delegava este poder a um comandante militar, chamado de "legado". Esta delegação chamava-se *imperium*. Já o poder religioso estava nas mãos dos sacerdotes, chamados de "pontífices", palavra que significa "construtores de pontes" entre o fiel e a divindade. O representante do povo chamava-se tribuno da plebe. Enfim, o poder judiciário estava nas mãos dos pretores, que eram ao mesmo tempo comandantes das forças policiais. Todos estes poderes foram sendo reunidos numa única pessoa que, depois do governo de Augusto (27 a.C.-14 d.C.), passou a ser chamada de "imperador". Ele era ao mesmo tempo o poder executivo (cônsul), legislativo (príncipe), judiciário (pretor), religioso (pontífice), popular (tribuno) e militar (imperador). A divinização do imperador garantia o sucesso do projeto imperial de globalização. Era a construção da Casa de César.

Sob o ponto de vista político de Roma, o tempo de vida de Jesus coincide com o governo de dois imperadores: Otaviano Augusto (27-14 d.C.) e Tibério (14-37). Nenhum deles pisou o solo oriental e muito menos a Síria ou Palestina. Porém, o longo período de domínio, quase 65 anos, foi um tempo de paz e bem-estar ao mundo político. Augusto, pondo fim às guerras civis, iniciou o tempo da *Pax Romana Augustana*. Desta forma foi cultuado no Oriente como deus, ao lado da deusa Roma, tendo inclusive um templo dedicado ao seu culto em Ancira, hoje Ancara, na Turquia, onde se encontra a inscrição em seus muros: *Res gestea divi Augusti* – "Os feitos gloriosos do divino Augusto". Esta relação dos feitos, composta pelo próprio Augusto, um ano antes de sua morte, aos 76 anos, revela o quanto era amado e respeitado em todo o império, acentuando que o senado, os nobres e todo o povo romano lhe conferiram o título de *pater patriae* – "pai da pátria". Na Palestina, seu poder foi representado por Herodes o Grande, por seus filhos e pelo Procurador Romano na Judeia.

Já Tibério, tendo problemas de ordem psíquica e emocional, fugindo sempre do meio das pessoas, acabou retirando-se para a Ilha de Capri. O prefeito do Pretório, Sejano, sempre influenciando o imperador, tornou-se um grande poder em sua ausência. Sendo um inimigo dos judeus, nomeou Pilatos como procurador romano da Judeia. No ano de 31 acabou sendo executado depois de promover uma conspiração. Em 35, Vitélio foi nomeado, por Tibério, procurador romano da Síria, com poder sobre a Judeia, tendo destituído Pilatos de seu posto.

Herodes o Grande era filho de Antípater (idumeu) com Cipros (nabateia), uma rica linhagem de origem estrangeira e, portanto, visto pelo povo judeu como um intruso e usurpador. Seu governo aparece em meio a disputas com a família real dos hasmoneus, que governou antes dele. Violento e sanguinário, marcou desta forma o seu modo de governar, não poupando nem Mariamne, sua segunda mulher. O reino de Herodes durou cerca de 30 anos, abrangendo a Idumeia, Judeia, Samaria, Galileia, Pereia e territórios a nordeste da Palestina. Pelo fim do ano 40 a.C., Herodes o Grande foi nomeado rei da Judeia, recebendo o título de *rex socius et amicus populi romani* – "rei e aliado e amigo do povo romano", por decisão do senado romano e dos imperadores Antônio e Otaviano Augusto, por ser um representante fiel dos ideais romanos e, portanto, capaz de submeter o povo ao poder de Roma.

O governo de Herodes será marcado pelo período da restauração do templo. Mas o templo não foi a sua única obra. Há muitas outras: fortalezas de Antônia (residência de segurança das autoridades romanas), Heródion, Maqueronte, Massada e Nebo; cidades construídas em honra aos imperadores romanos, como Cesareia Marítima e Sebaste, na Samaria; embelezamento e melhorias em Jerusalém e Jericó; teatros, ginásios, pórticos em várias outras cidades. Mas todas estas obras tiveram um preço alto e amargo para o povo: violência, opressão e miséria.

Os quatro Herodes

No Novo Testamento encontramos quatro figuras históricas importantes, com o nome de Herodes:

Herodes o Grande reinou na Palestina entre 37 e 4 a.C. No capítulo 2 do Evangelho de Mateus, ele aparece no relato sobre o nascimento de Jesus.

Herodes Antipas governou a Galileia e a Pereia entre 4 a.C. e 39 d.C. Filho mais novo de Herodes, herdou de seu pai estas duas regiões, recebendo o título de tetrarca, isto é, soberano dependente de Roma, tendo como território uma região pequena demais para ser considerada reino. Ele aparece na morte de João Batista (Mc 6,17-29) e na Paixão de Jesus (Lc 23,8-12).

Herodes chamado *Agripa I* governou sobre toda a Palestina entre 41 e 44. Nos Atos dos Apóstolos 12,1-19 ele aparece ordenando a perseguição aos cristãos, a execução do Apóstolo Tiago e a prisão de Pedro.

Herodes chamado *Agripa II*, filho de Agripa I, governou Cálcis e as regiões ao norte da Galileia entre 48 e 95. Nos *Atos dos Apóstolos* 25,13–26,32 ele aparece no julgamento de Paulo.

9.1.2 Os movimentos populares na Galileia, Samaria e Judeia

Dentro deste contexto histórico, a presença do Império Romano em solo palestinense, afirmando-se cada vez mais, com enorme brutalidade, ao lado da adesão política de Herodes o Grande e de muitos setores com interesses econômicos, acabou gerando uma reação social, motivada por questões religiosas, que podemos chamar de movimentos populares.

Embora não seja uma expressão própria da época em estudo, estes movimentos populares apresentam-se de forma adequada à situação, caracterizando-se, por um lado, pelos diferentes objetivos e lugares onde aparecem e, por outro, por expressarem de certa forma a mesma insatisfação com a situação vivida.

Abaixo, no quadro figurativo dos movimentos populares, estes se encontram relacionados por características comuns, sendo colocados em ordem cronológica.

Revoltas esporádicas sem rumo: É o período inicial do controle romano. Anarquia e incerteza política são as características deste momento em que se dá o final da passagem da República para o Império Romano. O povo sofre com a exploração dos pesados tributos, empobrecendo de forma rápida, chegando ao desespero e correndo atrás de quem promete a libertação. O movimento popular aparece sem rumo, tipo cangaço.

Data	Acontecimento	Consequência
57 a.C.	Aristóbulo II, membro da família real com pretensão ao trono, inicia uma revolta contra Roma com cerca de 10.000 judeus.	A revolta é abafada pelas tropas romanas.
56 a.C.	Aristóbulo II inicia nova revolta com cerca de 8.000 judeus.	Morte de 5.000 judeus.
55 a.C.	Alexandre, filho de Aristóbulo, e mais 10.000 judeus promovem nova revolta.	Morte de todos no Monte Tabor e prisão de Alexandre.
54 a.C.	Ptolau, de origem camponesa, revolta-se com mais 30.000 galileus.	Presos e feitos escravos.
47 a.C.	Ezequias, camponês, famoso chefe de um grupo de revoltosos, lidera um levante contra romanos latifundiários da Galileia.	Ezequias é assassinado por Herodes.
5 a.C.	Durante o período de Herodes o Grande, o movimento popular é abafado através da repressão policial. A "Pax Romana" é instaurada. Matias, Judas e 40 estudantes se revoltam e quebram uma águia colocada na porta do templo por Herodes.	Herodes, já velho e doente, manda matar todos os revoltosos na fogueira, convencendo antes o povo com um grande discurso.

Jesus nasce ao final desta época. Cresce e se fortalece cheio de sabedoria e a graça de Deus estava com Ele (Lc 2,40).

Revoluções messiânicas: Depois da morte de Herodes, estoura a revolta. É o período do governo de Arquelau, que, no dia de sua posse, Festa da Páscoa, provoca um massacre de 3.000 judeus. Foi o estopim para uma sucessão de revoltas. No meio do povo emerge com força a esperança latente e já quase esquecida do rei messiânico, do novo Davi, que devia vir para libertar o seu povo da violência e opressão. Os líderes populares apelam para antigas promessas feitas a Davi e se proclamam reis do povo.

Data	Acontecimento	Consequência
4 a.C.	Judas, filho de Ezequias, proclama-se rei da Galileia em Séforis.	Varo, general romano, arrasa Séforis e todos são escravizados. Séforis dista 8km de Nazaré.
	Atronges, um pastor muito forte, proclama-se rei da Judeia.	Cerca de 2.000 judeus são crucificados perto de Jerusalém.
	Simão, ex-escravo de Herodes, proclama-se rei da Pereia.	Tentativa abafada diante da repressão romana.

Jesus na adolescência "crescia em sabedoria, idade e graça diante de Deus e dos homens" (Lc 2,52).

Movimentos de zelo pela lei de Deus: Arquelau não conseguiu manter a situação sob o controle de Roma, que logo interveio e o depôs, transformando a Judeia em província romana. O governo interno continuava nas mãos do sumo sacerdote, nomeado por Roma e pela aristocracia dos saduceus. Porém, a chegada dos procuradores romanos deixara claro o objetivo do império. Como primeira medida tomada, decretaram um censo para reorganizar a administração dos tributos. Dentro do movimento popular não aparece mais a simples revolta ou a luta violenta do messianismo, mas, sim, a resistência consciente do zelo pela Lei de Deus ligado à fidelidade às exigências da Aliança. Trata-se de uma mentalidade arraigada na tradição do AT: Fineias contra os infiéis (Nm 25,7-12); Elias contra Jezabel e os falsos profetas (1Rs 18,40; 19,10.14); Matatias, pai dos Macabeus na luta contra Antíoco Epífanes (1Mc 2,24-28).

Data	Acontecimento	Consequência
6-27	Sadoc e Judas promovem um boicote ao censo, ao pagamento do tributo e ao reconhecimento do imperador como senhor.	Repressão e morte por parte dos procuradores romanos.
	Surgimento dos zelotes.	Morreram na guerra judaica em 70.

Jesus nesta época, passando a idade da adolescência, participa da vida da comunidade e trabalha no ofício de carpinteiro.

Todos estes movimentos populares revelam uma situação de total insegurança, onde o povo fica perdido, sem saber a quem recorrer, ora apoiando um, ora apoiando outro, que no momento apontasse para aquilo que ainda preservam em seu interior à espera da chegada do Reino. É neste contexto, portanto, que Jesus aparece, assumindo a sua missão, trazendo mais que uma proposta de mudança, uma verdadeira e definitiva transformação na vida do povo, tendo como garantia o próprio Deus.

9.1.3 Partidos, grupos e movimentos

Desde o início de sua formação, o povo judeu possui uma consciência de ser o povo de Deus. Isto caracteriza uma marca, uma identidade que acaba sendo refletida de modo pleno através da vivência da Aliança. Entretanto, esta vivência da Aliança se apresenta de duas maneiras, que estão ligadas entre si: a observância e a promessa.

Embora unidas, há uma tensão entre estas duas maneiras de viver a Aliança, provocando uma divisão em grupos. Pelo lado da observância da lei como garantia da Aliança, vamos encontrar uma mentalidade separatista, de isolamento e pureza, voltada para os judeus que retornaram do exílio da Babilônia e demais habitantes de Judá, tendo em Esdras e Neemias a expressão maior desta conduta. Em torno desta mentalidade, a pobreza e o sofrimento serão valores que posteriormente terão uma repercussão em grupos como os hassideus, essênios, macabeus e fariseus. Pelo lado da promessa, onde a vivência da aliança era garantida pela promessa de Deus aos pais, desde a origem do povo, vamos encontrar a ideia da vivência da Aliança através do sinal de inserção no meio dos povos. Esta mentalidade está presente em livros como Is 40–66, Jonas, Jó, Rute, onde há uma abertura para a diáspora, isto é, as colônias judaicas fora de Judá. Entretanto, devido a este contato com o mundo helênico, uma mentalidade foi se formando em torno de uma valorização da riqueza, do poder, do templo, influenciando a formação de outros grupos com uma visão diferente daqueles formados pela observância. É o caso dos hasmoneus e saduceus, por exemplo. A forte influência da cultura helênica sobre estes grupos não conseguiu abafar e destruir os valores do sentido de ser sinal de inserção entre os povos, em outros grupos que acabaram por ser a continuidade do profetismo, através do movimento apocalíptico, valorizando a solidariedade, a justiça e os pobres.

De modo esquemático, podemos visualizar a formação dos grupos e movimentos da seguinte forma:

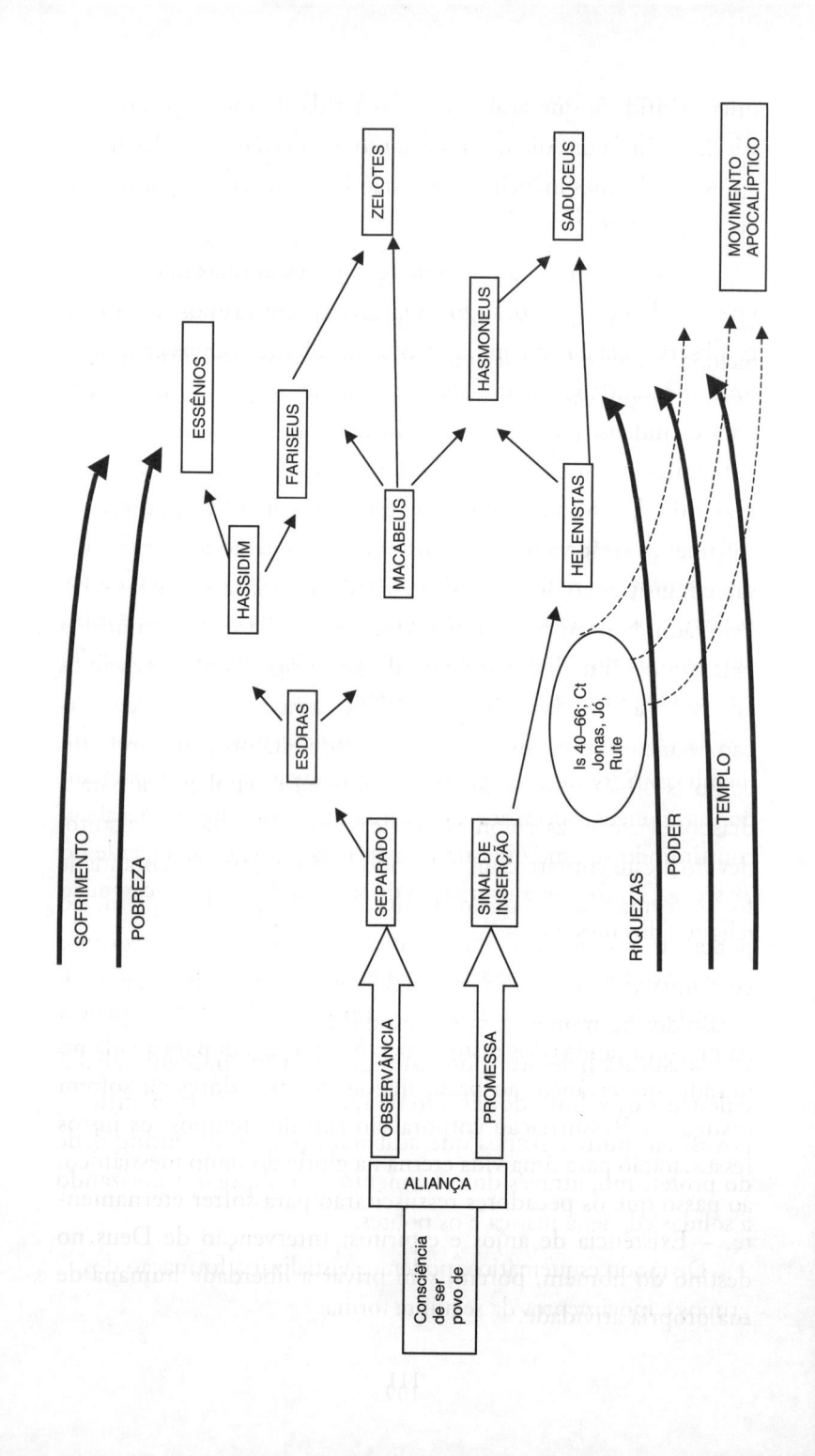

Todos estes grupos são importantes para a compreensão da sociedade na época de Jesus. Entretanto, existe uma certa dificuldade quanto à definição do papel desempenhado por cada um deles, uma vez que sua atuação na organização da sociedade se diferencia enormemente dos dias de hoje. Não se trata de grupos com atuações em áreas específicas, ou seja, área política, econômica, social, religiosa, mas, sim, atuações em mais de um setor. Para melhor entendimento, segue, abaixo, uma breve descrição de cada um dos grupos presentes na época de Jesus, com suas características próprias e sua relação com os ensinamentos de Jesus.

9.1.3.1 Fariseus

Significado: Seita judaica, cujo nome provém do hebraico *perushim* – "os separados", assim considerados pelos seus adversários, devido à sua interpretação da lei que os obrigava a uma separação rigorosa daqueles considerados impuros.

Surgimento: Na época de Jesus, compreendiam uns seis mil membros. Surgiram do grupo dos hassideus, que se separaram dos hasmoneus (sucessores do libertador judaico Judas Macabeu, constituindo-se uma dinastia monárquica na segunda metade do 2º séc. a.C.), devido à usurpação do sacerdócio e à política pouco religiosa dos mesmos.

Crenças: Observância da lei: o grande desejo dos fariseus era a santificação e a pureza do povo. – Imortalidade da alma: depois da morte, as almas dos justos esperam a passagem para a vida no mundo subterrâneo, ao passo que as dos pecadores ali sofrem castigos. – Ressurreição corporal no fim dos tempos: os justos ressuscitarão para uma vida eterna na glória do reino messiânico, ao passo que os pecadores ressuscitarão para sofrer eternamente. – Existência de anjos e espíritos; Intervenção de Deus no destino do homem, porém, sem privar a liberdade humana de sua própria atividade.

Relação com Jesus: O comportamento de Jesus, que negligenciava as purificações rituais e os jejuns de devoção, e frequentava a casa de cobradores de impostos e pecadores, devia provocar uma oposição feroz da parte dos fariseus (Mc 2,1–3,6). Por outro lado, o fato de o povo simples tornar-se incapaz de seguir as prescrições impostas pela classe sacerdotal, como sendo as normas necessárias para uma vida a caminho da santidade, fazia com que os fariseus desprezassem o povo, atitude esta que Jesus recriminou profundamente (Mt 23,1-36).

Características: A principal característica dos fariseus era a observância das leis rituais e cúlticas de pureza, também fora do templo. A lei como caminho de salvação teve um maior realce quando foi considerada de importância cósmica, como instrumento de Deus na criação para garantia da ordem no mundo. Ao lado da lei, vinha a tradição. Os fariseus criaram determinações e tradições de interpretação da lei, que mais tarde passaram a ser chamadas de tradição dos antepassados, e que deveriam ajudar a vivência da lei de Moisés no dia a dia. Dentro do farisaísmo existiam diversos grupos, diferentes escolas, sendo que na época de Jesus se destacavam duas de grande importância: escolas de Hillel e Shamai, diferenciando-se na forma de interpretação das leis. Contavam entre seus membros os escribas e doutores da lei, mas também um certo número de sacerdotes. Organizando seus membros em confrarias religiosas, visavam mantê-los na fidelidade à lei e no fervor, mantendo desta forma uma grande influência nas sinagogas dentro e fora da Palestina. Em relação ao povo, gozavam de enorme ascendência sobre o mesmo.

9.1.3.2 Essênios

Significado: Seita judaica cujo nome expressa bem a sua proposta de vida religiosa: *hassidim* – "os piedosos", "os santos".

Segundo alguns autores, também pode ser atribuído o significado de "calados". A denominação de essênios provém do grego.

Surgimento: Assim como os fariseus, a origem dos essênios está ligada ao grupo dos hassideus. Não são mencionados na Bíblia. Seu surgimento parece estar relacionado com um conflito com os sacerdotes do templo na época dos hasmoneus, isto é, por volta de 150 a.C. Houve uma separação com o objetivo de se preservar e restaurar a santidade do povo num pequeno espaço. As descobertas dos manuscritos do Mar Morto tornaram conhecida a comunidade essênica de Qumran, o que possibilitou um conhecimento mais profundo não só deste grupo, como do pensamento escatológico e apocalíptico do judaísmo no primeiro século.

Crenças: Para os essênios, o culto e o templo não estavam purificados porque o sacerdócio era ilegítimo. Eles esperavam que Deus os restaurasse. Não participavam das cerimônias do culto nem colaboravam com as instituições. Enviavam donativos ao templo, mas não ofereciam sacrifícios de animais. Consideravam-se o único povo de Deus, esperando o juízo divino que os salvaria e condenaria todos os outros.

Relação com Jesus: Embora os evangelhos não mencionem os essênios, muitos de seus ensinamentos estão presentes no cristianismo, devido mais ao judaísmo do primeiro século do que propriamente a uma aproximação entre os dois. A semelhança dos discursos de João Batista com parte da doutrina essênica levou alguns estudiosos a pensar numa proximidade entre João Batista e os essênios (Lc 1,80; 3,1-21).

Características: Uma parte dos essênios vivia em comunidade no deserto de Judá, preparando-se para a guerra santa. Em Qumran, localidade perto do Mar Morto, foram encontrados os restos de um convento dos essênios, e especialmente sua biblioteca, denominada os "escritos de Qumran". Não existia entre eles propriedade privada e renunciavam aos bens em benefício da comunidade. As cerimônias eram caracterizadas por banhos rituais e refeição como sinal de fraternidade. Eram severos na observância e tinham por princípio o amor aos membros da comunidade e ódio aos de fora.

9.1.3.3 Saduceus

Significado: Recebem este nome por causa do sumo sacerdote do tempo do Rei Salomão, Sadoc, de quem as grandes famílias sacerdotais descendiam.

Surgimento: Classe sacerdotal que administra o templo, a partir da época dos Macabeus, sugerindo descendência do sumo sacerdote Sadoc.

Crenças: Muito conservadores, procuravam ser fiéis ao AT, tendo porém uma abertura à influência da cultura grega helenista. Não aceitavam a doutrina farisaica da ressurreição dos mortos e os prêmios da vida futura. Negavam a existência de anjos ou espíritos. Sustentavam que o bem e o mal dependiam exclusivamente da opção do homem e, por conseguinte, que Deus não exercia influência alguma sobre as ações humanas. O homem é o causador de sua própria felicidade ou desgraça.

Relação com Jesus: Sendo conservadores e distanciados do povo, Jesus mantinha uma postura crítica em relação ao seu conservadorismo e defesa dos próprios benefícios em detrimento do povo (Mt 16,1-4; 22,23-33).

Características: Constituíam uma facção do judaísmo composta pelas duas aristocracias, civil e religiosa, representando o poder econômico e, por sua posição no sinédrio e no templo, detinham também o poder religioso e político. Adaptavam-se ao domínio romano, chegando a uma espécie de acordo onde defendiam a ordem em troca da manutenção de seus postos de liderança.

9.1.3.4 Escribas

Significado: São várias as denominações para o escriba: homem da lei, mestre, doutor da lei. No tempo de Jesus era bastante corrente a designação *Rabbi* – "meu mestre".

Surgimento: Intelectuais do antigo Israel, especialmente versados na escrita e interpretação de textos bíblicos. A partir da volta do exílio tornam-se lideranças na sinagoga, com crescente influência religiosa e social.

Crenças: Em sua maioria, pertenciam ao partido dos fariseus.

Relação com Jesus: Em diversos momentos encontramos críticas de Jesus aos escribas (Mt 5,21-48; 23,1-22; Lc 11,46-52). Em Mc 3,22ss. encontramos as acusações que os escribas fazem contra Jesus, sendo considerados, por isso, sem perdão. Fechados na lei de Moisés, mantinham-se no legalismo jurídico e canônico, criando empecilhos para que o povo pudesse ter acesso à Palavra de Deus (Mt 23,13).

Características: Os escribas fundavam escolas teológicas onde formavam os discípulos para serem como eles. Ao lado da profissão de doutor da lei, muitos trabalhavam em ofícios manuais, tendo como exemplo Paulo. No tempo de Jesus, a maioria dos escribas pertencia ao partido dos fariseus.

9.1.3.5 Samaritanos

Significado: O nome provém de Samaria, nome que designava a capital do antigo Reino do Norte, destruída em 722 a.C., pelos assírios (2Rs 17,24-28) e, mais tarde, na época persa, a região situada no coração da Palestina, entre a Galileia e a Judeia (Esd 9–10).

Surgimento: Os samaritanos não pertencem ao judaísmo que nasce da reforma de Esdras e Neemias e tampouco podem ser considerados como judeus, ou seja, aqueles que voltam à província da

Judeia após o exílio da Babilônia. Segundo 2Rs 17,24-41, sua origem encontra-se entre os colonos estrangeiros levados para a Samaria, logo após a destruição do Reino de Israel por parte dos assírios (séc. VIII a.C.). Porém, os próprios samaritanos se consideravam descendentes das tribos de Efraim e Manassés, provenientes do patriarca José, sendo os únicos continuadores da fé israelita, expressa no Pentateuco. Assim, a origem dos samaritanos continua sendo motivo de grande discussão.

Crenças: São defensores da religião das origens, baseando-se em cinco pontos fundamentais: Monoteísmo – Deus é um só, infinito e todo-poderoso; Moisés é o único profeta; o Pentateuco é o único livro inspirado; o Monte Garizim é o único lugar escolhido por Deus para um santuário; os mortos ressuscitarão para o último juízo. Ainda são fortes entre os samaritanos a esperança de um Messias, novo Moisés, chamado *taheb* – "restaurador", ou "aquele que volta", e a crença nos anjos.

Relação com Jesus: Num primeiro momento, Jesus parece partilhar da oposição frente aos samaritanos (Mt 10,5), porém em outros textos Jesus apresenta os samaritanos como modelos de fé (Lc 10,29-37; 17,11-19). Além disso, a Samaria será um dos primeiros lugares de expansão do Evangelho (At 1,8; 8,5-25; Jo 4,1ss.).

Características: A oposição entre judeus e samaritanos parece ter sua origem na reconstrução do templo de Jerusalém (520-515 a.C.), porém a verdadeira ruptura está ligada à construção do templo de Garizim, em 332 a.C., e à sua destruição juntamente com Siquém, por João Hircano, em 129-128 a.C.

9.1.3.6 Zelotes

Significado: Extremistas religiosos, provavelmente assim se chamavam devido ao zelo por Deus, conforme ideal defendido pelos macabeus.

Surgimento: Com esta denominação, conforme aparece na obra de Josefo, só serão conhecidos após a insurreição judaica em 66, quando apoiaram a iniciativa do comandante do templo de fazer cessar o sacrifício cotidiano em favor do imperador. De acordo com historiadores, antes dessa época são encontrados muitos grupos, oriundos da Galileia, que alimentavam o desejo de liberdade frente à presença romana em suas terras e à exploração das autoridades judaicas.

Crenças: Embora sejam de tradição farisaica, estavam muito próximos da expectativa messiânica que animava os movimentos populares que lutavam, no primeiro século, pela libertação à maneira de Moisés e Josué. A espera de Deus para um restabelecimento da justiça havia se prolongado por demais, levando muitos grupos a tomarem a causa de Deus em suas próprias mãos.

Relação com Jesus: O fato de o movimento zelote aparecer 30 anos após a morte de Jesus faz com que a ideia da sua participação neste movimento seja um anacronismo, isto é, algo fora de época. O apelido de zelote dado a Simão (Lc 6,15; At 1,13) possui um caráter religioso e não de participação no movimento. Desta forma pode ser entendida a declaração de Paulo em At 22,3: "zeloso (zelote) pela causa de Deus", ou mesmo a afirmação de que os judeus são chamados de zelotes da lei (At 21,20).

Características: Os zelotes tinham muita simpatia junto às classes pobres, principalmente por sua oposição ao censo e ao tributo. Eles tinham um programa de redistribuição da propriedade e, no princípio da Guerra Judaica (66), destruíram os registros dos que emprestavam dinheiro para libertar os pobres do jugo dos ricos.

9.1.3.7 Batistas

Significado: Batistas eram seguidores de João Batista, que pregava a iminência do juízo escatológico e já chamava à salvação pela conversão do coração e pelo rito da imersão na água viva para receber o perdão dos pecados.

Surgimento: Os ritos de pureza que se referiam à água e à mesa acentuavam, na vida cotidiana, as diferenças entre os grupos, porém isto acontecia somente entre as elites. A maioria do povo era religiosamente indiferente e seguia as figuras proféticas que traziam novos caminhos de salvação. O movimento batista coloca-se entre estes novos movimentos, liderado por João, no deserto da Judeia.

Crenças: Nos evangelhos João é descrito como um profeta escatológico, proclamando a iminência do juízo e da vinda do Reino de Deus. A realização de um batismo para a remissão dos pecados coloca os sacrifícios do templo e os ritos de purificação dentro de uma relatividade. A ligação do perdão dos pecados ao batismo na água viva desautoriza o templo como único caminho para Deus.

Relação com Jesus: De todos os grupos, partidos, movimentos, sem dúvida os batistas são os que mais se aproximam de Jesus. Além de querer batizar-se por João, Jesus por algum tempo também batizou (Jo 3,26; 4,1; Mt 3,15). Esta aproximação pode explicar a sua posição frente ao templo e aos sacrifícios. Entretanto, cedo se dará o distanciamento, ligando a salvação escatológica não mais ao batismo de água, mas à sua palavra que transmite o perdão, aos seus gestos de exorcista e taumaturgo e, por fim, à sua morte e ressurreição.

Características: No Evangelho de João uma tensão se revela no acento de sua função: "uma voz preparando os caminhos do Senhor" (Jo 1,33) e principalmente testemunha (1,7.15.19.32; 3,26-30; 5,33-36; 10,41). Este acento coloca em questão um conflito presente entre os grupos de João Batista e as comunidades joaninas. Os grupos batistas estavam presentes na Síria-Palestina e, conforme At 19,1-7, também na Ásia Menor. João era reconhecido como salvador escatológico e o maior, por ter vindo primeiro.

Tudo isto explica a necessidade da comunidade joanina de confirmar a sua fé frente aos grupos batistas que ainda identificavam o Messias na pessoa de João Batista.

9.2 O nascimento e a vida pública de Jesus

Nesta segunda etapa, queremos enfocar o período da vida de Jesus presente na Palestina. Não se trata de resgatar os elementos históricos de Jesus; o que seria uma tarefa árdua, pois as fontes de que dispomos estão nos evangelhos e, como tais, procuram transmitir o sentido de sua vida, seu significado dentro da perspectiva teológica da salvação, refletindo cada um, a seu modo, a importância de Jesus para as comunidades da época em que foram escritos. Porém, nosso objetivo é bem mais modesto: queremos retratar, ainda que muito superficialmente, o contexto da época em que viveu Jesus.

9.2.1 O tempo de Jesus

A cronologia é sempre um problema. Primeiramente devemos lembrar que a datação em história nunca pode ser tomada de forma exata, pois sempre apresenta margem de erro. Assim, a referência para localização no tempo era o reinado ou governo de uma pessoa. No Evangelho de Lucas 3,1, encontramos que o início da pregação de João Batista acontece no ano 15 do império de Tibério e no governo de Pôncio Pilatos, Herodes e Filipe. Esta referência (ano 15) pode apresentar certa diferença se tomada à maneira síria, 1º de outubro de 27, ou romana, 19 de agosto de 28, ou ainda, conforme outros, 1º de janeiro de 28. Em segundo lugar, levando em conta a data da morte de Herodes, isto é, 4 a.C., e tomando como indicação a matança das crianças, quando Jesus tinha apenas dois anos, podemos colocar o seu nascimento em torno de 6 a.C. Com todos estes dados, Jesus estaria no início de seu ministério com mais ou menos 35 anos. A referência de Lc 3,23 tem um caráter teológico, colocando a referência de 2Sm 5,4, onde Davi inicia seu reinado com a idade de 30 anos! Este fato levou um monge chamado Dionísio Pequeno, em 525, em preparação do calendário litúrgico para a Igreja de Roma, a calcular a data do nascimento de Jesus com esta margem de erro em torno de seis anos.

9.2.2 A Palestina nos tempos de Jesus

A geografia não sofre muitas alterações na sua configuração, mas para a historiografia do Novo Testamento algumas cidades novas entram para formar o novo cenário. Confira no mapa quais são as novas cidades que contribuem para uma compreensão nova maior na geografia cristã.

9.2.3 A situação econômica, política, social e religiosa no tempo de Jesus

A base econômica da Palestina no primeiro século é formada pela agricultura, pecuária (juntamente com a pesca) e artesanato. A agricultura é desenvolvida principalmente na Galileia, região ao norte da Palestina, onde se concentra a grande produção de trigo, cevada (os dois eram a alimentação do pobre), olivais, lentilha, ervilha, romã, tâmara e maçã. Ali estavam grandes proprietários de terras e pequenos agricultores. Na pecuária era comum a criação de gado, ovelhas e cabras, principalmente na Judeia, região ao sul. A pesca era realizada principalmente no Lago de Genesaré, Mar Mediterrâneo e Rio Jordão. Por último, o artesanato desenvolveu-se principalmente nas cidades e aldeias através da cerâmica (vasilhames e artigos de luxo), trabalhos em couro (sapatos e peles curtidas), fiação e tecelagem (aproveitamento de lã de carneiros).

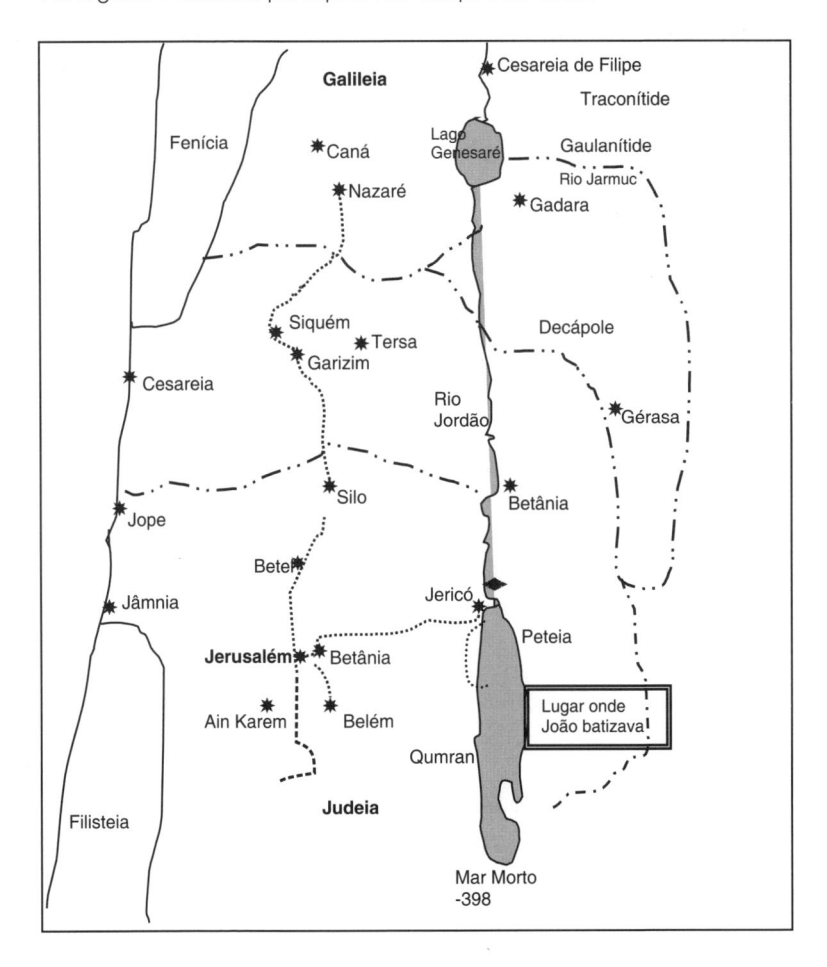

José e provavelmente Jesus viviam do trabalho artesanal de carpinteiro, isto é, faziam consertos, reparos e manutenção de casa em casa ou de lugar em lugar. De acordo com alguns estudiosos, o relacionamento entre Jesus e os pescadores vem de seu trabalho de manutenção e conserto junto aos barcos. Entre 20 a.C. e 60 d.C. pode-se destacar os vários trabalhos na construção civil, dentre eles o embelezamento do templo, atividade que empregou cerca de 18 mil operários. Herodes Antipas constrói Tiberíades e fortifica Séforis e Júlia. Herodes Agripa edifica um muro ao norte de Jerusalém e Pôncio Pilatos um novo aqueduto. A circulação de todas estas mercadorias é feita através do comércio, outra grande atividade econômica da época, desenvolvida nas cidades pelos grandes proprietários de terras.

Os impostos

Toda a atividade comercial é controlada por um sistema de impostos arrecadados pelos publicanos ou cobradores de impostos. No tempo de Jesus, o povo estava obrigado a pagar diversos tipos de impostos:

a) *Tributum soli* – Imposto sobre a propriedade, dependendo do tamanho da mesma, da produção e do número de escravos. Este imposto estava sempre sujeito a mudanças, devido à fiscalização que era feita por meio de censos;

b) *Tributum capitis* – Imposto sobre os homens e mulheres entre 12 e 65 anos. Cerca de 20% da renda de uma pessoa era destinada ao imposto;

c) Coroa de ouro – Originariamente tratava-se de um presente ao imperador, tornando-se mais tarde um imposto obrigatório, cobrado em ocasiões especiais;

d) Imposto sobre o sal – Somente o sal utilizado para fins comerciais era tributado. O sal era monopólio do imperador;

e) Imposto na compra e venda – Nas transações comerciais, pagava-se 1%, sendo que no comércio de escravos este valor passava para 4%;

f) Imposto de registro – Para cada contrato comercial registrado, pagava-se 2% de imposto;

g) Imposto para exercer a profissão – Era a licença para exercer as profissões;

h) Imposto sobre uso de bens de utilidade pública;

i) Pedágios ou alfândega;

j) Trabalho forçado – corveia;

k) Despesa especial para o exército;

l) Imposto para a manutenção do templo;

m) Imposto do Dízimo, para manutenção dos sacerdotes;

n) Imposto das Primícias, para manutenção do culto.

Os últimos anos de Herodes foram tomados por problemas familiares, diversas revoltas internas e problemas externos, a ponto de Augusto retirar-lhe o direito de designar seu sucessor sem o consentimento de Roma. Embora a ordem da matança das crianças, conforme o texto de Mt 2,16ss., não encontre registro fora do Evangelho, não se pode negar que se trata de uma atitude muito próxima da realidade. Cinco dias antes de sua morte, Herodes ordena a morte de seu filho Antípatro. O reino após 4 a.C., ano de sua morte, foi dividido em três partes, de acordo com seus herdeiros: Arquelau designado rei da Judeia, Samaria e Idumeia; Antipas, rei da Galileia e Pereia; Filipe, rei das regiões setentrionais: Itureia, Gaulanítide e Traconítide.

Logo os conflitos começaram a surgir. Arquelau partiu para Roma a fim de garantir os seus direitos junto ao imperador. O mesmo fez Antipas. Delegações de judeus os seguiram, pedindo a abolição do regime herodiano e anexação da Judeia à província romana da Síria. Augusto refez o testamento de Herodes, colocando Arquelau como etnarca, isto é, um governador, e Antipas e Filipe como tetrarcas, ou governadores de pequeno território.

Arquelau, seguindo as pegadas do pai, tornou-se violento, indiferente às tradições judaicas e explorador do povo. Através de novas delegações a Roma, os judeus conseguiram, por fim, que Augusto exilasse Arquelau (ano 6), colocando em seu lugar procuradores romanos. Antipas, também conhecido simplesmente como Herodes nos evangelhos, habitou em Séforis e depois foi morar em Tiberíades, cidade construída por ele às margens do Mar da Galileia em honra do Imperador Tibério. Seu governo foi até certo ponto bastante simpático aos olhos das autoridades judaicas. Respeitava as tradições e sempre que podia intercedia junto ao imperador contra os desmandos do procurador romano. Antipas foi quem mandou decapitar João Batista a pedido de Herodíades, sua amante e mulher de Filipe. No ano 37, também a pedido de Herodíades, Antipas foi até Roma pedir ao Imperador Calígula o título de rei – assim como havia obtido o seu sobrinho Agripa – sobre as regiões de Judeia, Samaria e Idumeia. Entretanto, agentes de Agripa o antecederam e, depois de ouvir o seu pedido, o imperador o exilou para Lião.

Por fim, Filipe parece ter sido o melhor dos filhos de Herodes. Procurou administrar os territórios sob sua guarda com a proteção de Roma. Morrendo no ano 34, os territórios foram anexados à Síria e em 41 passaram às mãos de Agripa, que conseguiu estender o seu domínio conforme o de Herodes Magno, mas apenas por três anos (41-44).

9.2.3.1 Procuradores romanos

O imperador romano, para manter sob controle todo o seu império, possuía três formas administrativas ao seu dispor: Províncias romanas senatoriais, confiadas ao senado e governadas por um procônsul; Províncias romanas imperiais, governadas diretamente pelo imperador por meio de um legado protetor; Províncias romanas procuratórias, governadas por um procurador romano. Os procuradores eram escolhidos pelo imperador para os casos mais delicados. Exerciam um poder legislativo e judiciário, além do encargo de arrecadar impostos. Era também de sua alçada a decisão de pena de morte. Tinham à sua disposição tropas auxiliares recrutadas do próprio lugar, com cerca de 2.500 soldados. Sua residência era Cesareia marítima, cidade fundada por Herodes o Grande. Durante os dias de festa, o procurador subia para Jerusalém e se instalava na fortaleza Antônia, a noroeste do templo.

Procuradores romanos na época de Jesus

Capônio: 6-9
Marco Ambívio: 9-12
Ânio Rufo: 12-15
Valério Grato: 15-26
Pôncio Pilatos: 26-36

9.2.3.2 Sinédrio

A origem do sinédrio remonta à época persa, quando Esdras, segundo a tradição judaica, reúne um colégio de sacerdotes para a realização da restauração de Jerusalém. A sua instituição de fato vai acontecer na época de João Hircano (134-104). A palavra sinédrio significa "sentar-se junto". O sinédrio era composto de 70 membros da aristocracia leiga e sacerdotal e presidido pelo sumo sacerdote. Trata-se de uma corte suprema religiosa que fixava a doutrina, estabelecia o calendário litúrgico e regulamentava a vida religiosa, tendo, portanto, poderes legislativos e judiciários. O sinédrio reunia-se duas vezes por semana. Nas cidades existiam os conselhos locais dominados pelos grandes proprietários e mais tarde pelos doutores da lei. Nos povoados e aldeias existiam os conselhos dos anciãos, que se reuniam tanto para decidir sobre questões comunitárias como para casos de litígios ou transgressão da lei. Na época de Herodes o Grande, o poder do sinédrio foi limitado; porém, com a intervenção romana ocorreu o contrário, chegando mesmo a ser ampliado na medida em que os interesses romanos eram garantidos principalmente pela presença dos saduceus.

9.2.3.3 Templo

Situado em Jerusalém, era o centro político, econômico e religioso de Israel. Considerado a casa de Deus, ali se celebrava o culto israelita através das ofertas de sacrifícios. O primeiro templo foi construído na época de Salomão, no século X a.C., e destruído pelos babilônicos em 586 a.C. A reconstrução aconteceu em 516 a.C., sendo ampliado, reformado e enriquecido já no tempo de Herodes o Grande, em 20 a.C., terminando a obra somente em 64. Com a destruição de Jerusalém, em 70, foi novamente alvo de destruição pelos romanos e não mais reconstruído, restando apenas um pedaço do muro ocidental, conhecido como muro das lamentações. Ali se celebrava o culto diário, que consistia de dois sacrifícios de animais, de manhã e à tarde. Entretanto, o templo assumia todo o seu esplendor durante as festas de páscoa, tabernáculos (tendas) e pentecostes. Nestas ocasiões, Jerusalém, que contava com uma população de 25 a 30 mil habitantes, chegava ao número de 60 mil. Em toda a Palestina, na época de Jesus, a população estimada era de 600 a 700 mil habitantes.

O templo era sustentado pelo imposto anual, referente ao salário de dois dias de trabalho que todo judeu maior de 20 anos, em todo o mundo, estava obrigado a pagar. Para tanto, um esquema especial de cobrança era armado por ocasião da Páscoa, quando os judeus da diáspora visitavam o templo. Entretanto, este não era o único imposto que o tesouro do templo recebia. Havia a prata do resgate dos primogênitos e dos votos ou promessas com tarifas e taxas estabelecidas, o dízimo dos frutos da terra para manutenção dos clérigos, e vários donativos e esmolas provenientes muitas vezes de não judeus. Outras duas importantes fontes de renda para o templo eram o comércio de animais destinados ao sacrifício e a troca de moedas estrangeiras pelas cunhadas no próprio templo, por se considerar impuras aquelas que traziam a imagem do imperador. O tesouro do templo era considerado a maior instituição bancária da época na medida em que ali eram administrados não apenas os impostos e donativos, mas muitos dos bens da aristocracia de Jerusalém. Em 70, depois da destruição de Jerusalém e do templo pelos romanos, toda esta riqueza foi confiscada, fazendo com que o preço do ouro baixasse pela metade em toda a província romana da Síria.

9.2.3.4 Sinagoga

A sinagoga, além de possuir um papel religioso, era também um importante centro cultural do judaísmo. Nascida na diáspora, tornou-se o único lugar do culto e do saber, depois que o templo foi destruído no ano 70. Na época de Jesus, havia sinagoga nos vilarejos de certa importância. A planta do edifício continha sempre uma grande sala, precedida por um átrio, contendo uma pia de água para abluções. Na sala estavam o armário que guardava os rolos da Escritura e, na parte central, um púlpito para uso do leitor e comentador. Os escribas ocupavam os lugares mais importantes da sala. Ao lado, havia uma outra sala destinada ao ensino da Lei para as crianças. O chefe da sinagoga era escolhido entre os anciãos e assistido por um conselho.

9.2.3.5 Sumo sacerdote

Junto ao poder romano e real, o sumo sacerdote é o terceiro da lista em importância. Exercia a supervisão sobre o templo, o culto e os servidores do culto, o único templo de Javé, em Jerusalém. Era o mediador por excelência entre Deus e seu povo. Como tal, oferecia o sacrifício cotidiano e executava os ritos de expiação no Dia da Expiação. A sua função era vitalícia. Quando o Novo Testamento fala em vários sumos sacerdotes contemporâneos, trata-se dos membros da família do sumo sacerdote e sobretudo dos sumos sacerdotes anteriores, ainda vivos, que, apesar da lei, haviam sido depostos de seu cargo. Além das funções religiosas, o sumo sacerdote era também o presidente do sinédrio.

Relação dos sumos sacerdotes na época de Jesus:
Simão filho de Boetos (24-5 a.C.)
Matias filho de Teófilo (5-4 a.C.)
José filho de Elem (apenas por uma festa)
Joazar filho de Boetos (4 a.C.)
Eleazar filho de Boetos (a partir de 4 a.C.)
Jesus filho de See (até 6)
Anás filho de Seti (6-15)
Ismael filho de Fiabi (15-16)
Eleazar filho de Anás (17-18)
José Caifás (18-36)

9.2.3.6 Sacerdotes

Existiam duas ordens de clero que serviam ao templo: sacerdotes e levitas. Ambas as ordens eram hereditárias. No tempo de Cristo havia cerca de 20 mil sacerdotes, com trabalhos e rendas divididos por categorias. Os trabalhos eram distribuídos em 24 turnos, tendo cada um duração semanal. A função do sacerdote estava voltada para os aspectos cúlticos, instrutivos e administrativos do templo: oferecimento diário dos sacrifícios e holocaustos, queima do incenso no altar, ensino religioso ao povo, administração dos bens do templo. Já os levitas atuavam como músicos ou porteiros.

9.3 O movimento de Jesus

A grande fonte de informações sobre este período está no livro dos Atos dos Apóstolos. É o início do "Movimento de Jesus". Porém, o objetivo do livro, ao descrever os primeiros passos da comunidade, não é historiográfico, mas teológico. Para o autor dos Atos dos Apóstolos, o movimento de Jesus tem sua grande arrancada em um lugar central, Jerusalém, e num grande dia, Pentecostes. Dentro de seu propósito teológico, o movimento de Jesus iniciado na Galileia, durante os três anos de sua vida pública, não teve igual importância conforme os evangelhos de Marcos e Mateus acentuam. Fazendo um paralelo entre os evangelhos sinóticos, percebe-se claramente o objetivo teológico de Lucas, comparado com os outros dois: Mc 14,28; 16,7; Mt 28,10; Lc 24,47.52; At 1,4.

Por uma questão metodológica, vamos dividir esta etapa em três momentos. O primeiro coloca o início do movimento de Jesus entre os anos 30 e 40, isto é, logo após a morte e ressurreição de Jesus até o início da perseguição aos cristãos pelo Rei Herodes Agripa (41-44). O segundo momento é representado pelo expansionismo missionário no mundo grego, entre os anos 40 e 70, quando acontece a rebelião dos grupos revoltosos judaicos contra

Roma, provocando a destruição de Jerusalém e do templo. Por fim, no terceiro momento, de 70 a 100, aparece a organização e estruturação das comunidades cristãs.

9.3.1 A missão entre os judeus (30-40)

Neste início do movimento de Jesus, os cristãos, quase todos de origem judaica, eram vistos como um dos muitos movimentos de renovação e contestação, conforme vimos acima (cf. os movimentos populares na Galileia, Samaria e Judeia). Aos poucos foram criando novas formas de organização, de acordo com a situação e exigências do momento. Um relato interessante sobre esta mudança encontramos em At 6, com a escolha dos sete diáconos.

Nos evangelhos encontramos algumas referências aos missionários itinerantes que tinham o trabalho de animação das primeiras comunidades cristãs: Mc 6,8-13; Mt 10,5-10; Lc 10,2-9. A característica marcante destes missionários era a confiança na solidariedade do povo, uma vez que não levavam nada pelo caminho, diferentemente dos missionários judeus. A proclamação da Boa-nova concentrava-se na chegada do Reino de Deus e na Ressurreição de Jesus. Partindo desta grande novidade, o Antigo Testamento passou a ser lido sob uma nova ótica. A releitura cristã das Escrituras se tornou mais tarde a base sólida para os escritos do Novo Testamento.

Nestes primeiros dez anos de vida, as comunidades cristãs já começam a experimentar a dor e o sofrimento da perseguição. Motivado por uma política de unificação do Império Romano, Calígula (37-41) intensifica o culto ao imperador, obrigando os povos a erigir a sua imagem nos templos existentes em territórios sob sua dominação. Na época da dominação síria, no segundo século a.C., fato semelhante havia acontecido através de um decreto do Rei Antíoco IV (175-164 a.C.), desencadeando a revolta dos Macabeus em 167 a.C. Agora, com Calígula, não haveria de ser diferente. A manifestação popular foi imediata, fazendo com que as ordens imperiais fossem adiadas e, por fim, não cumpridas graças ao assassinato do imperador ocorrido em 41. Entretanto, a repressão violenta contra todo movimento rebelde aconteceu por ordem de Herodes Agripa (41-44), numa atitude de fidelidade ao Império Romano. Com efeito, Agripa tornou-se rei da Palestina com o apoio de Cláudio (41-54), a quem ele anteriormente apoiara em sua nova função de imperador romano. Foi neste contexto que a comunidade cristã passou por uma perseguição, onde ocorreram o martírio de Tiago, filho de Zebedeu, também chamado "Maior" (Mc 3,17), pertencente ao grupo dos Doze e ao círculo mais íntimo de Jesus (Mc 5,37; 9,2; At 1,13), e a prisão de Pedro, conforme At 12,1-3.

Este primeiro momento, portanto, é marcado por um cristianismo palestinense judaizante. Em torno de Tiago Menor, denominado o Justo, reúne-se uma comunidade de galileus. Vários textos fazem menção a Tiago (At 12,17; 15,13-21; 21,18-26; 1Cor 15,7; Gl 1,19; 2,9.12), da parentela de Jesus, também denominado irmão do Senhor (Tg 1,1), assim como Judas (Jd 1). De acordo com Hegesipo e Flávio Josefo, Tiago foi morto em 62. Sua atuação foi tão importante que surgiu uma grande literatura em torno de seu nome: uma carta canônica, dois apocalipses, uma carta apócrifa, diversas homilias e um evangelho chamado protoevangelho de Tiago.

A carta canônica de Tiago é um reflexo da primeira experiência cristã feita por seguidores da lei de Moisés, a Torá, e da nova lei de Jesus, o Evangelho. O seu conteúdo revela uma comunidade com traços marcadamente judaicos, voltados para o dia a dia das pessoas, conforme a literatura sapiencial do judaísmo. Por outro lado, coloca também o tema dos pobres e da pobreza. Segundo Tiago, Deus quer realizar o seu plano através dos pobres e marginalizados.

A partir deles nasce o Reino de Deus entre os homens quando se supera a situação de extrema pobreza por obra e graça de um esforço comunitário (Tg 2,5). A partilha de bens entre todos torna-se a regra básica da comunidade, atestada não apenas por Lucas, mas por outros escritos também fora da Bíblia.

A comunidade de Jerusalém é apresentada publicamente, pela primeira vez, por ocasião da cura de um aleijado de nascença, realizada por Pedro e João (At 3,1-10). As características deste grupo são semelhantes às dos outros grupos de judeus: galileus piedosos, fiéis à Torá, que iam ao templo cada dia para as orações da manhã e para as da "nona hora" (três horas da tarde), cumpriam fielmente as purificações rituais, os sacrifícios, os jejuns duas vezes por semana, a observância do sábado. Entretanto, havia uma diferença em relação aos outros grupos de judeus fervorosos. Os companheiros de Tiago não esperavam mais o Messias, mas anunciavam que este já viera e seu nome era Jesus. De acordo com At 5,35-39, as autoridades só não perseguiram este grupo devido à intervenção do fariseu e doutor da lei chamado Gamaliel. Nessa primeira experiência cristã, a comunidade de Jerusalém aparece mergulhada na pobreza. Paulo fala dos "santos que estão na pobreza" (Rm 15,26) e organiza uma coleta entre as regiões mais ricas em prol dos irmãos necessitados de Jerusalém.

9.3.1.1 A literatura desta época

Neste período não se tem uma literatura propriamente dita, mas uma preparação para aquilo que mais tarde seria o Novo Testamento. Trata-se de um momento importante, onde a experiência da comunidade tem a difícil tarefa de pregar a Boa-nova, ao mesmo tempo em que amadurece na fé, atenta aos acontecimentos, iluminados pela Palavra de Deus no Antigo Testamento e principalmente pelos ensinamentos deixados por Jesus. A reflexão em torno da mensagem e da pessoa de Jesus vai sendo aprofundada, ganhando acentos teológicos importantes para a fé da comunidade.

Uma primeira reflexão vai se dar na experiência da assunção/exaltação/ressurreição do Mestre (Filho do Homem, Messias). Há uma concepção antiga de que Jesus teria sido assumido (tomar/tornar para cima, semelhante a assunção):

Mc 16,19: *Depois de lhes falar, o Senhor Jesus foi elevado ao céu e sentou-se à direita de Deus;*

Lc 9,51: *Como estavam para se completar os dias em que seria arrebatado deste mundo, Jesus dirigiu-se resolutamente para Jerusalém;*

1Tm 3,16: *Não pode haver dúvida de que é grande o mistério da piedade: "Ele foi manifestado na carne, foi justificado no espírito, contemplado pelos anjos, pregado às nações, acreditado no mundo, exaltado na glória!"*

Elevar, arrebatar e exaltar são três expressões para dizer que Jesus está junto de Deus. Também uma experiência apocalíptica, pentecostal, vai se impondo junto às comunidades, no sentido das profecias sobre o período messiânico, onde haveria abundância do Espírito. Há uma reflexão e aprofundamento cristológico (cristologia, soteriologia, encarnacionismo), bem como a ligação entre Jesus e o Servo Sofredor de II Isaías.

As comunidades relembram e, com isto, conservam a memória sobre Jesus, transmitindo e criando elementos evangélicos:

– Pregação: At 2,22-36; 3,12-26. A pregação repetida cria certos esquemas que serão a base para os futuros evangelhos: pregação de Jesus na Galileia; descida para Jerusalém; ministério em Jerusalém; paixão, morte e ressurreição. Este esquema ou forma é diferente em João;

– Catequese: acontece já na comunidade primitiva (Lc 1,1: "A solidez em que fostes catequizados"). A catequese existia para a formação dos cristãos primitivos. No início, os cristãos eram designados de judeus com uma "espiritualidade" própria. Somente mais tarde, em Antioquia, tiveram a designação de cristãos, seguidores de Cristo;

– Culto: havia um culto particular da comunidade. Não existem muitas informações a respeito. Nos *Atos dos Apóstolos* aparece a fração do pão (Eucaristia). Alguns hinos e cânticos foram elaborados nesta fase para cantar louvores a Cristo (1Tm 3,16).

Muito provavelmente a estrutura dos evangelhos é desta fase, embora ainda apenas de forma oral.

9.3.2 O expansionismo missionário no mundo grego (40-70)

Um segundo momento é marcado pela presença dos cristãos fora da Palestina. Em torno do Mar Mediterrâneo, chamado pelos romanos de *mare nostrum* – "nosso mar", o Império Romano se desenvolveu e conseguiu estabelecer os contatos militares, comerciais e culturais entre as grandes distâncias e importantes cidades metropolitanas. Neste cenário vamos encontrar três penínsulas que são um palco para o cristianismo primitivo: Grécia, Itália e Ibéria. A Boa-nova torna-se presente em quase todas as grandes cidades do império, inclusive a sua capital, Roma. Trata-se de um momento de profundas mudanças: passagem do Oriente para o Ocidente, da Palestina para a Ásia Menor, do mundo judaico para o mundo helênico, de uma realidade rural para uma realidade urbana, enfim, das comunidades que surgiram ao redor das sinagogas espalhadas na Palestina e Síria para as comunidades organizadas ao redor da casa nas periferias das grandes cidades.

Neste momento, o conflito que já havia se estabelecido entre uma mentalidade voltada para um judaísmo observante por parte da comunidade cristã palestinense, e a mentalidade mais aberta do judaísmo da diáspora, agora se aprofunda na medida em que os gentios, isto é, pagãos e, portanto, não judeus, passam a integrar as comunidades cristãs. Este fato acaba gerando uma identidade própria para as comunidades, chegando mesmo o novo grupo a ser identificado como uma comunidade de cristãos e não mais como judeus (At 11,26).

A grande figura do cristianismo ocidental é Paulo de Tarso. O seu trabalho foi expandir o cristianismo para além dos limites da Palestina, chegando aos grandes centros urbanos helenizados, como Antioquia e Alexandria. A literatura em torno de Paulo é a mais antiga que possuímos. Data dos anos 50 e foi em sua maioria assumida pelo cânon do Novo Testamento. Paulo procurou adaptar a mensagem cristã à realidade de grupos urbanos em Antioquia e regiões no Mediterrâneo Oriental.

Embora as fontes de que dispomos para este segundo momento sejam os Atos dos Apóstolos e as cartas de Paulo, não podemos esquecer que a Boa-nova não caminhou apenas para a direção ocidental do Império Romano. Junto com a expansão na Ásia Menor, o movimento cristão se espalhou também na Síria, sobretudo na direção de Antioquia, e no Egito na direção de Alexandria. A base para este desenvolvimento das comunidades foi a diáspora judaica.

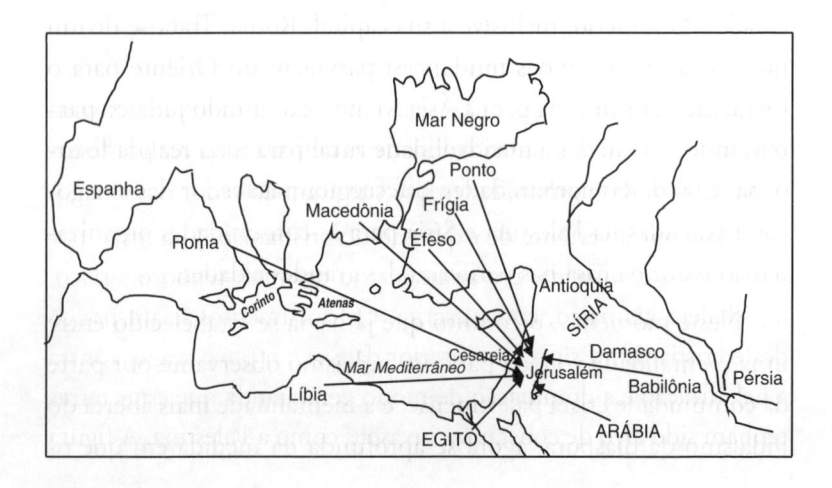

Na Síria, a cidade de Antioquia tinha uma importante colônia judaica. Segundo o testemunho dos Atos dos Apóstolos, os cristãos chegaram à cidade por volta de 43-49 fugindo da perseguição desencadeada pelos sacerdotes do sinédrio de Jerusalém. Entre os convertidos de Antioquia, começaram a aparecer os assim chamados helenistas que não viam na lei mosaica o determinante para o seguimento de Jesus. De Jerusalém foi enviado Barnabé de Chipre, para seguir de perto esta nova experiência. Os cristãos em Antioquia procuraram adaptar-se à grande cidade e abandonar o jeito rural que o movimento tinha até então. Também de grande importância dentro desta comunidade antioquena é o fato de Barnabé ter procurado Paulo de Tarso para desenvolver um trabalho de evangelização em direção aos gentios, isto é, não judeus. Este trabalho acabou provocando um grande conflito que selou o destino do cristianismo enquanto religião mundial. Em 49, um encontro em Jerusalém das autoridades cristãs definiu uma vez por todas o trabalho de evangelização em direção aos pagãos.

Uma outra vertente de expansão do cristianismo na Síria, porém menos conhecida, é a aramaica ou oriental, tendo o siríaco, um dialeto aramaico, como escrita. Os documentos falam pouco deste cristianismo sírio. No interior da Síria, o povo reagia contra a helenização e a dominação de modo geral, ainda que estas terras tenham sido alvo de constantes invasões como a Palestina. A figura do Apóstolo Tomé está para este cristianismo semita oriental como a de Paulo para o ocidental helenizado, ou a de João para o da Ásia Menor. Em termos literários, temos vários apócrifos de Tomé: *Apocalipse, Atos de Tomé, Evangelho* com 114 ditos de Jesus, um outro evangelho da infância e um livro intitulado O atleta Tomé, com um colóquio entre ele e Jesus. Segundo a tradição, Tomé teria evangelizado até a Índia.

Um dos textos mais importantes dentro da tradição cristã foi escrito na Síria, pelo ano 120: a *Didaqué*. Este documento contém elementos que nos dão uma ideia de como os cristãos da Síria viviam e se organizavam. Famílias de camponeses ou artesãos se reúnem regularmente em torno da mesa para celebrar a memória de Jesus, fortalecer a fé e enfrentar as duras condições de vida. Havia os apóstolos itinerantes, respeitados por todos, que falavam a Palavra de Deus quando de sua passagem pela aldeia.

No Egito, o cristianismo teve sua grande presença através da cidade de Alexandria, a segunda do império em importância política e a primeira no plano econômico, sobretudo por causa do trigo do Vale do Nilo. Segundo historiadores, Roma não poderia sobreviver sem o Egito. Dois dos cinco bairros residenciais de Alexandria eram habitados por judeus, através dos quais o cristianismo se infiltrou na cidade. Nestas colônias judaicas, as Escrituras foram traduzidas para o grego. Aí viveram figuras importantes da história, como Fílon de Alexandria, Plotino, Ptolomeu e outros. A chegada do cristianismo ao Egito não está atestada por meio de documentos canônicos nem por meio de algum apóstolo, como no caso da Síria (Tomé), Ásia (João), Jerusalém (Tiago), Grécia (Paulo).

Grande parte da literatura cristã ulterior no Egito está relacionada a figuras que mais tarde, a partir do século IV, foram consideradas heréticas: Basílides (120-140), Carpócrates (130), Isidoro (140) e textos apócrifos como o *Evangelho dos Egípcios* ou o *Evangelho dos Hebreus*. Entretanto, não se deve pensar que a heresia seja uma característica apenas do Egito, pois também em Roma, Síria,

Antioquia, Ásia Menor encontramos pessoas consideradas posteriormente heréticas, uma vez que o cristianismo das origens se desenvolveu um pouco por toda parte no meio de intensos conflitos entre grupos e interpretações. Os textos ortodoxos referentes ao Egito são a carta atribuída a Barnabé (130) e uma carta anônima dirigida a Diogneto (190). Somente a partir do final do segundo século vamos encontrar pessoas de destaque, presentes na conhecida Escola de Alexandria: Clemente de Alexandria (180-200), Orígenes (190-240), Dionísio (210-260). No século IV, com as famosas disputas cristológicas e mariológicas, Alexandria terá um lugar de destaque, com dois grandes teólogos: Atanásio e Cirilo.

Assim como aconteceu na Síria, onde o cristianismo floresceu em Antioquia, ao lado de regiões do interior, também no Egito e não apenas em Alexandria estiveram presentes as comunidades cristãs, mas também entre os coptas, povo do interior do país, designado por *chôra* ("terra agrícola"), de onde vem o termo *anachorein*, ou seja, "os sem-terra", termo que, posteriormente, adquiriu o sentido de "sair para terra adentro, para o deserto"; o termo anacoreta passou a designar os monges coptas a partir do final do século III, nos inícios do movimento monacal.

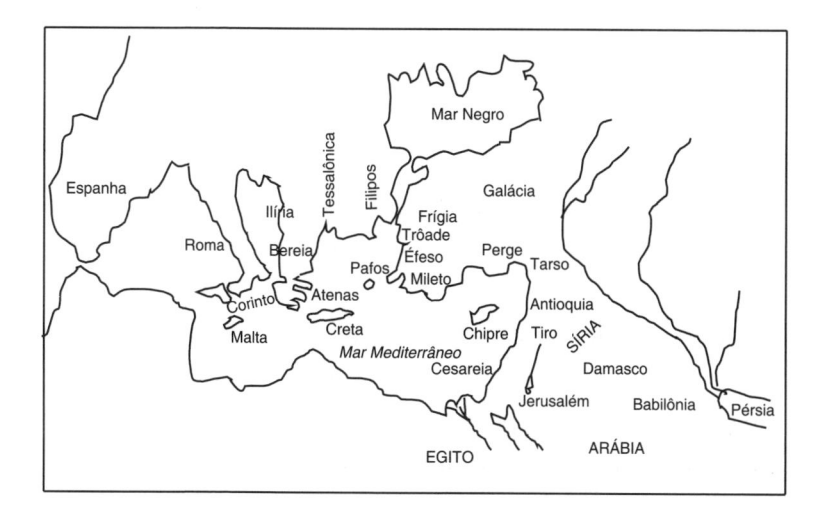

9.3.2.1 A literatura desta época

Neste período, vamos encontrar as cartas de Paulo para as comunidades de Tessalônica, Corinto, Filipos, região da Galácia, Roma, além da carta para Filêmon. Também nesta época podemos datar a carta de Tiago. Trata-se de um tempo no qual a experiência de vida em Cristo e os problemas das comunidades se aprofundam, exigindo novas orientações que, embora ainda buscadas nas palavras da Escritura dos judeus, são agora relidas à luz da Boa-nova de Jesus. Da prática continuada nas comunidades em recolher, reler e transmitir as palavras e gestos de Jesus, vão surgindo documentos importantes que serão utilizados como fontes para a formação dos evangelhos. No final deste período temos o Evangelho de Marcos.

9.3.3 *A organização e estruturação das comunidades cristãs (70-100)*

O mundo mediterrâneo foi formado três séculos antes de Cristo, pelas conquistas de Alexandre Magno, consolidado num só império pelos romanos e sujeito a um intenso processo de helenização. Neste período, três grandes cidades dividiram a importância do império: Alexandria, Antioquia e Roma, às quais se deve acrescentar, a partir do século IV, Constantinopla. O cristianismo do primeiro século pode ser considerado como um fenômeno oriental, marcado pela helenização e, ao mesmo tempo, resistindo a ela. A partir de Jerusalém, espalhou-se sobretudo na direção oriental, dentro e fora dos limites do Império Romano. Do cristianismo sírio, armênio, copta, etíope, persa etc. sabemos muito pouco. A história ocidental nos é muito mais conhecida.

Com a destruição do templo de Jerusalém em 70, houve um deslocamento do foco do movimento cristão da Palestina para a diáspora judia na Ásia Menor e, em especial, em cidades como Éfeso, Esmirna, Laodiceia, Pérgamo, Sardes, Filadélfia, Tiatira, conforme atesta o livro do Apocalipse 2–3. Os romanos chamavam a Ásia de "província das quinhentas cidades". Foi aí que o cristianismo proliferou encontrando seu segundo *habitat*.

Porém, o levante dos judeus da Palestina contra Roma não trouxe apenas o deslocamento dos cristãos, mas marcou um grave conflito, uma vez que acabou com as diversas correntes religiosas e políticas do judaísmo palestinense, restando apenas os fariseus e aqueles que haviam professado a fé em Jesus. Cresce, assim, o conflito entre judeus e cristãos a ponto de levar a uma ruptura definitiva em torno dos anos 90.

Esta separação foi um momento importante para que ambos os grupos se organizassem. Os fariseus, reunidos pelo Rabino Iohanan ben-Zakai, na cidade de Jâmnia, estabelecem normas para definir a autenticidade do judaísmo, tanto pelos participantes quanto pelos livros considerados sagrados. Por outro lado, os cristãos, que agora estavam impedidos de participar da sinagoga, passam a definir sua autenticidade frente à herança deixada por Moisés e pelos profetas por meio das promessas e finalmente reveladas por Jesus. Desta forma, numa atitude de oposição ao farisaísmo, definem como livros sagrados do AT não apenas os escritos em hebraico e na Palestina, mas todos aqueles que foram traduzidos ou escritos no ambiente da diáspora e que eram de uso comum nas comunidades. No final do primeiro século, sob o império de Trajano (98-117), quando a perseguição voltou-se contra judeus e cristãos, não houve solidariedade nem união entre os dois grupos, mas, ao contrário, um clima de denúncias e acusações, o que acabou colocando ambos sob a mira da violência e perseguição por parte dos romanos.

Junto com este grande problema entre judeus e cristãos, este período é marcado pela presença de inúmeras religiões e doutrinas de cunho gnóstico e mistérico, com seus cultos e ritos secretos. Estas religiões tornavam-se uma ameaça para a unidade do império, que intensificou a doutrina da "Pax Romana" como forma de dominação, controle e exploração da vida do povo. Esta nova situação interferiu diretamente na vida das comunidades cristãs na medida em que pessoas ligadas a estas religiões e doutrinas foram aos poucos se infiltrando na comunidade. São inúmeras as exortações encontradas no *Apocalipse* e cartas pastorais com referência ao perigo destas religiões e doutrinas.

Foi muito difícil a sobrevivência das comunidades cristãs sob a administração romana. Embora as autoridades do Império Romano não julgassem necessário controlar a região dentro do mesmo rigor como faziam na Palestina, até permitindo uma relativa autonomia e democracia nessas pequenas cidades livres por tradição, eram exigentes quanto ao pagamento regular dos impostos e quanto ao culto imperial. O livro do *Apocalipse* é um testemunho deste momento de dor e sofrimento vivido na resistência e perseverança. No meio da perseguição, estes cristãos guardam algumas características: fidelidade-fé, testemunho-martírio, pregação do Evangelho, perseguição, ressurreição, esperança.

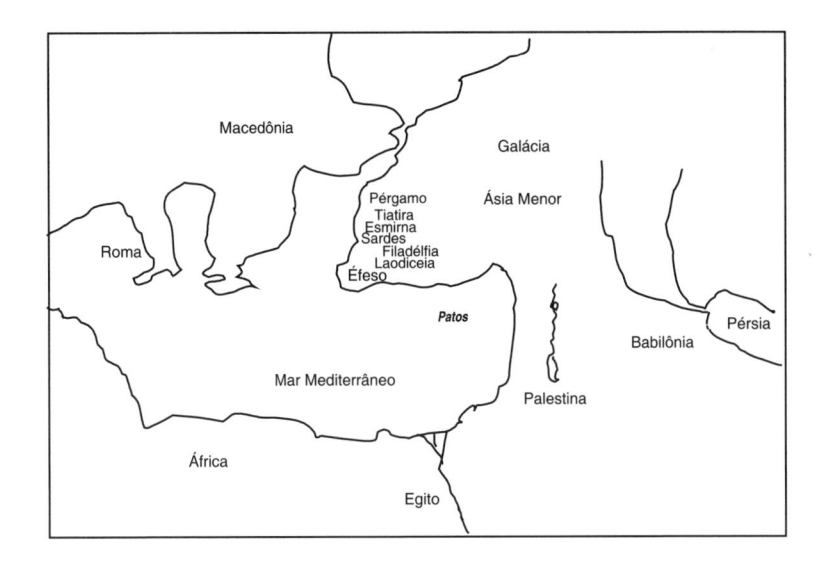

As comunidades do Apocalipse

As comunidades destinatárias das cartas do Apocalipse são as sete Igrejas da Ásia Menor. É mister, no entanto, estender o endereço a todas as comunidades do Império Romano, pois todas elas estavam sob o mesmo jugo e peso da perseguição. O número sete, para o autor do Apocalipse, funciona como simbolismo de uma totalidade.

O Apóstolo João foi como que um símbolo para o cristianismo asiático. Os textos joaninos caracterizaram este terceiro período, embora as cartas paulinas aos efésios e aos colossenses também pertençam à experiência asiática. O Evangelho de João apresenta vários elementos que apontam para um culto em torno da figura de Jesus. Entre seus primeiros seguidores, Jesus era chamado de rabi. O modelo referencial era o de um mestre, intelectual e ao mesmo tempo orientador. Os evangelhos sinóticos (Marcos, Mateus e Lucas) apresentam o Jesus de Nazaré, ou o "filho do homem", evitando tudo o que se aproxime de um "culto da personalidade". No Evangelho de João já encontramos Jesus deixando-se declarar como o "filho de Deus".

No movimento galileu, Jesus era o "mestre", o "rabi", o milagreiro, curandeiro e líder. Era o Jesus muito próximo do homem comum, do camponês da Galileia. Agora Ele é o Senhor, mais distante, venerado, objeto de culto por parte dos fiéis. Dentro de uma geração o nome de Jesus mudou, suplantando o "Jesus de Nazaré" dos sinóticos e passando a ser "Nosso Senhor Jesus Cristo", isto é, o "Senhor" ressuscitado. Verifica-se, por conseguinte, uma diferença considerável em termos de imaginário entre o movimento original de Jesus e o das comunidades.

9.3.3.1 A literatura desta época

Neste período, as comunidades são marcadas pelas perseguições da parte do Império Romano e das comunidades judaicas na diáspora, além da influência de inúmeras correntes religiosas e filosóficas espalhadas pelas cidades onde as comunidades cristãs estão inseridas. Como consequência, os problemas internos não tardam a chegar. Os vários escritos desta época revelam os conflitos vividos pelas comunidades: cartas católicas de Pedro (1 e 2), João (1, 2 e 3), Judas; cartas pastorais a Timóteo (1 e 2) e Tito, cartas aos colossenses e efésios; Apocalipse de João; Evangelhos de Mateus e João e a obra de Lucas (Evangelho e Atos dos Apóstolos). Muitos outros escritos são desta época, porém os problemas apontados acima trouxeram diversidade nos ensinamentos e, muitas vezes, desvios que se chocavam com o pensamento da maioria, levando a um controle mais rígido, impondo critérios e seleção para os livros que foram aparecendo. Estes são os livros chamados apócrifos: evangelhos dos Hebreus, dos Ebionitas, dos Egípcios, de Matias, de Tomé, de Felipe, de Pedro, de Judas, de Eva, de Bartolomeu; Viagens de Pedro, João, Paulo e Tomé; Cartas de Barnabé, Clemente, Inácio, Policarpo; Apocalipse de Pedro, de Paulo etc.

9.4 As diversas tendências do cristianismo

Observando a trajetória dos primeiros cristãos desde o movimento de Jesus até a formação e organização das comunidades, percebemos que havia uma diversidade de tendências que se manifestam nos escritos, cultos, crenças, organização das comunidades. É importante perceber que, num primeiro momento, designado como período apostólico ou da primeira geração, do qual fazem parte homens e mulheres que foram testemunhas oculares do mestre, a figura de Paulo torna-se norteadora dentro da literatura de que dispomos. Entretanto, no período subsequente, isto é, da segunda geração cristã, dos discípulos dos apóstolos e das testemunhas de Jesus, temos já várias tendências que, na verdade, não são excludentes, mas acabam por sobrepor-se umas às outras, uma vez que as circunstâncias históricas assim exigiram. Desde o seu início, o cristianismo foi profundamente pluralista dentro da unidade da Igreja.

A primeira tendência se encontra no grupo primitivo de cristãos, centrados principalmente na chamada "Igreja da circuncisão". Trata-se de um cristianismo judaico. Sua principal característica é o apelo à lei, tendo inclusive uma forte oposição à missão e teologia paulina (Gl 2; 2Cor 10–13; At 21). Os escritos do Evangelho de Mateus e a Carta de Tiago, oriundos desta tendência, mas com certa moderação, tornam-se o elo possível entre a Igreja posterior e a riqueza da tradição judaica.

Uma segunda tendência encontra-se mergulhada na cultura helênica, podendo ser identificada como um cristianismo helênico. Sua característica é o afastamento das tradições e práticas judaicas, tendo como apoio a filosofia e, portanto, o sentido crítico da religião. É dentro desta cultura que devemos entender o sentido universalista e otimista da religião cristã. São aspectos positivos, mas que devem ser vistos de modo crítico, pois não se pode esquecer ou colocar de lado o aspecto elitista, intelectualista, idealista, do pensamento grego, que tanto serviu aos opressores para realizar uma dominação e exploração dos pobres.

A terceira tendência encontra-se num cristianismo apocalíptico. Dentro desta tendência, podemos identificar o Apocalipse de João. Suas raízes estão na apocalíptica judaica, no primitivo movimento de Jesus e na teologia paulina. Assim, podemos compreender como o gênero apocalíptico chegou aos textos de Marcos, Mateus e Lucas, às cartas de Paulo e ainda às epístolas de Pedro e Judas.

Por fim, temos o cristianismo primitivo, ou, às vezes, chamado de cristandade primitiva, marcada pela nova realidade presente no quarto século, através da conversão do Imperador Constantino. Termina o período das perseguições e começa o tempo das alianças entre o poder político do Império Romano e a Igreja hierárquica. A partir deste período a tendência helenizante acaba por sobrepor-se às outras tendências, levando-as muitas vezes a serem vistas como heresias. Grande representante deste período é o historiador e bispo de Cesareia, Eusébio (263-339). Ele escreve a *História da Igreja* em uma obra de 10 volumes, tornando-se a história oficial do cristianismo para justificar e legitimar a Cristandade ou aliança Império-Igreja.

10
Breve histórico da sucessão de domínio na Palestina

Os cananeus habitavam aquelas terras desde os primórdios.

1600 a.C. Os hititas invadem o território e Jerusalém dos jebuseus.

1550 a.C. Os cananeus retomam o domínio.

1230 a.C. Chega a caravana vinda do Egito, na caminhada do êxodo. Agora liderada por Josué, entra em Canaã, atravessando o Rio Jordão, vinda do lado da Jordânia.

1100 a.C. Os assírios fazem a primeira investida e dominam as terras de Canaã.

1000 a.C. Davi ataca os jebuseus e toma a cidade de Jerusalém e o santuário.

922 a.C. Os egípcios tomam Jerusalém com o Faraó Sheshonk (Sisac) I.

850 a.C. Os filisteus primeiro, depois os povos madianitas, invadem e assolam Jerusalém.

725-700 a.C. Ezequias, rei de Judá, fortifica as muralhas, constrói o canal para conduzir a água da fonte Gion até o lado interno da cidade.

589 a.C. Jerusalém é destruída pelos babilônios.

450-400 a.C. A cidade é reconstruída por Neemias e outros que retornam do exílio, sob os auspícios dos reis persas.

333 a.C. A Palestina é tomada pelos gregos, com Alexandre Magno.

63 a.C. Os romanos chegam e conquistam progressivamente todos os contornos do Mar Mediterrâneo, além de outras regiões mais afastadas.

***** Por volta do ano 6 (antes da nossa Era) acontece o nascimento de Jesus de Nazaré e com ele há uma reviravolta na história.

136 d.C. Os romanos, sob o comando de Adriano, dispersam e matam os judeus existentes na Palestina, no massacre de Massadá.

320 Com Constantino, a Palestina se torna cristã e são construídas as grandes igrejas nos lugares santos. A Palestina pertence ao domínio romano, mas à religião cristã.

614 Os árabes tomam a cidade e implantam o islamismo desde a Arábia até a Pérsia. Inicia-se a perseguição e o holocausto cristão.

969 A Palestina é conquistada pelos egípcios.

1071 A Palestina cai sob o domínio turco.

1098 A terra volta ao domínio egípcio.

1099-1187 Os cruzados retomam a cidade de Jerusalém e o domínio da terra.

1187 Os muçulmanos com Saladim retomam a cidade de Jerusalém.

1229-1239 Os cristãos retomam o domínio de Jerusalém.

1240 Os turcos retomam a cidade.

1335 Os frades franciscanos recebem do sultão turco a permissão de entrar na Palestina. Os franciscanos, inicialmente de origem italiana, mas depois de outras nacionalidades, iniciaram o processo de aquisição e recuperação dos lugares de tradição cristã, que são as basílicas da época romana.

1517 O Sultão Selim I assume o controle da Palestina, domínio que se estenderá até 1917 (400 anos).

1537-1541 O Sultão Suleiman II o Magnífico reconstrói a cidade, as muralhas e a estrutura da cidade de Jerusalém na forma atual.

1917 Os ingleses e franceses tomam dos turcos o domínio e começam a preparar a criação do Estado judaico.

1948 É criado o Estado de Israel, expulsando, de início, cerca de um milhão de Palestinos. Inicia-se assim o holocausto do povo palestino que dura até os dias de hoje.

Estado Palestino e Estado de Israel depois de 1948

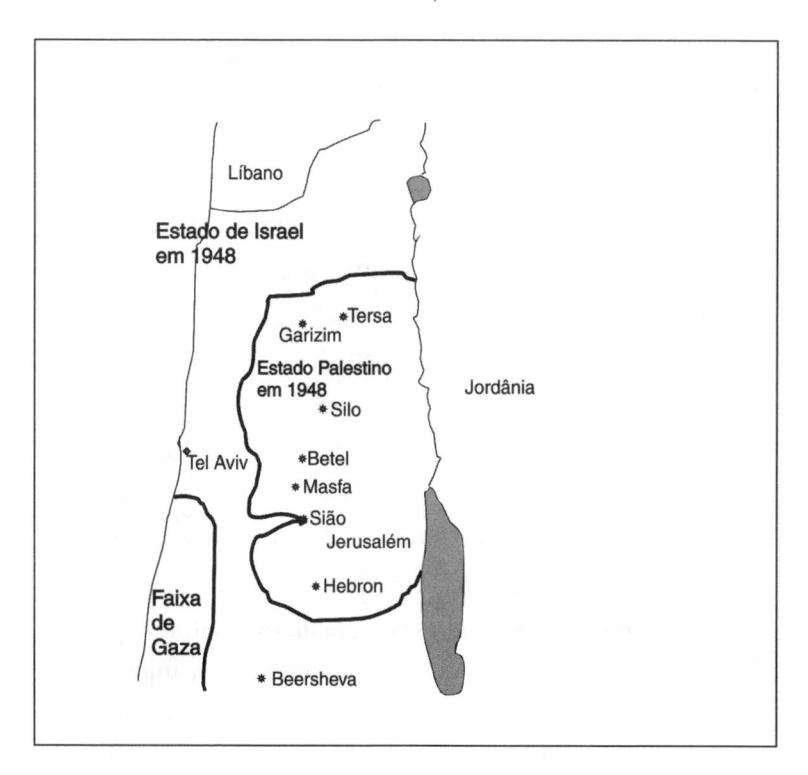

Estado Palestino e Judaico em 2002

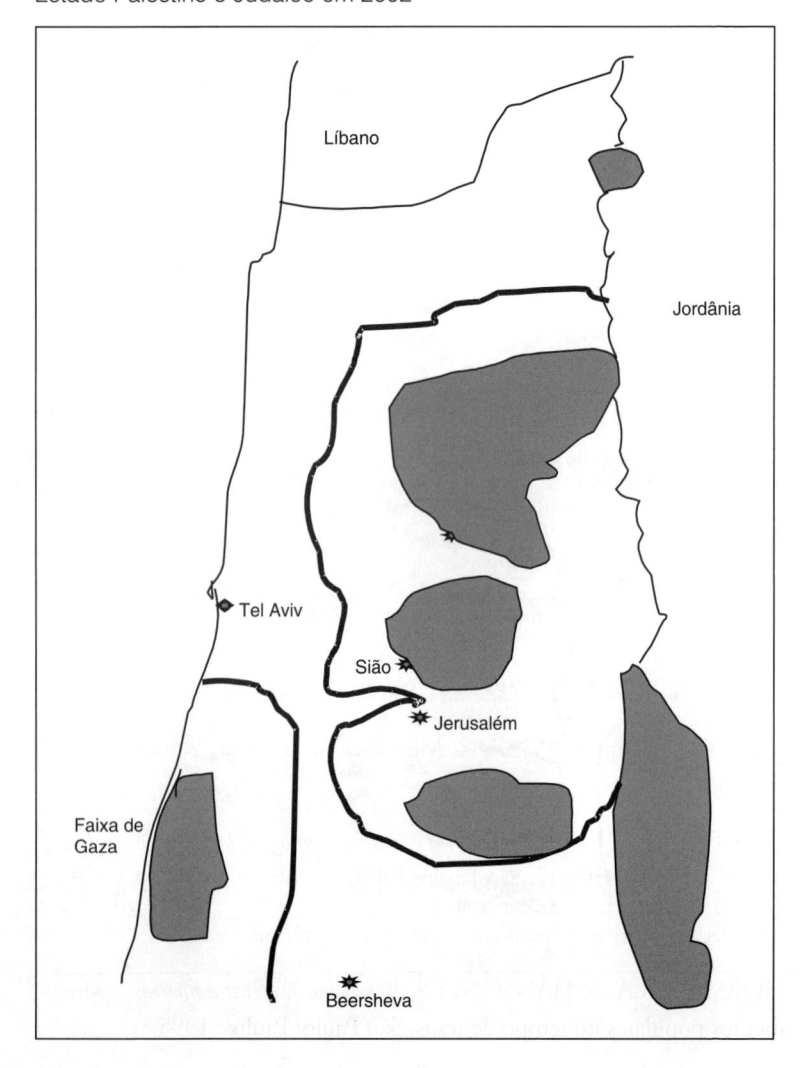

Referências

BALANCIN, E. *História do Povo de Deus*. São Paulo: Paulus, 1989.

CRB. *O sonho do povo de Deus* – As comunidades e os movimentos apocalípticos. São Paulo: CRB/Loyola, 1996 [Coleção Tua Palavra é vida 7].

_____. *Viver e anunciar a palavra* – As primeiras comunidades. São Paulo: CRB/Loyola, 1995 [Coleção Tua Palavra é vida 6].

DIETRICH, L.; NAKANOSE, S. & OROFINO, F. *Pedir um rei foi nosso maior pecado* – Comentário ao Primeiro Livro de Samuel. Petrópolis/São Leopoldo: Vozes/Sinodal, 1999.

GALLAZZI, S. & RUBEAUX, F. *Primeiro Livro dos Macabeus* – Autocrítica de um guerrilheiro. Petrópolis/São Leopoldo: Vozes/Sinodal, 1993.

GASS, I.B. (org.). *Formação do Império de Davi e Salomão*. São Paulo: Cebi/Paulus, 2003.

_____. *Formação do Povo de Israel*. São Paulo: Cebi/Paulus, 2002.

GNILKA, J. *Jesus de Nazaré* – Mensagem e história. Petrópolis: Vozes, 2000.

GOTTWALD, N. *As tribos de Javé: uma sociologia da religião de Israel liberto* – 1250-1050 a.C. São Paulo: Paulus, 1986.

HOORNAERT, E. *O movimento de Jesus*. Petrópolis: Vozes, 1994.

HORSLEY, R.A. & HANSON, J.S. *Bandidos, profetas e messias* – Movimentos populares no tempo de Jesus. São Paulo: Paulus, 1995.

JEREMIAS, J. *Jerusalém no tempo de Jesus* – Pesquisa de história econômico-social no período neotestamentário. São Paulo: Paulinas, 1983.

KILPP, N. *Jonas*. Petrópolis/São Leopoldo: Vozes/Sinodal, 1994.

KIPPENBERG, H.G. *Religião e formação de classes na antiga Judeia*. São Paulo: Paulus, 1988.

KLEIN, R. *Israel no exílio* – Uma interpretação teológica. São Paulo: Paulus, 1990.

MESTERS, C. *Com Jesus na contramão*. São Paulo: Paulinas, 1995.

_____. "Os profetas João e Jesus e outros líderes populares daquela época". *Ribla*, n. 1, 1988, p. 72-80.

_____. *Rute*. Petrópolis/São Leopoldo: Vozes/Sinodal, 1986.

_____. *A missão do povo que sofre*. Petrópolis: Vozes, 1985.

MICHAUD, J.-P. "A Palestina no primeiro século". In: *Escritos e ambiente do Novo Testamento* – Uma introdução. Petrópolis: Vozes, 2002, p. 15-67.

MORIN, E. *Jesus e as estruturas de seu tempo*. São Paulo: Paulinas, 1984.

MYRE, A. "Jesus e seu movimento". In: *Escritos e ambiente do Novo Testamento* – Uma introdução. Petrópolis: Vozes, 2002, p. 69-110.

PAUL, A. *O judaísmo tardio* – História política. São Paulo: Paulus, 1983.

PIXLEY, J. *A história de Israel a partir dos pobres*. Petrópolis: Vozes, 1979.

RICHARD, P. *Apocalipse* – Reconstrução da esperança. Petrópolis: Vozes, 1999.

SCHUBERT, K. *Os partidos religiosos hebraicos da época neotestamentária*. São Paulo: Paulinas, 1979.

SCHWANTES, M. *Sofrimento e esperança no exílio*. SãoPaulo/São Leopoldo: Paulus/Sinodal, 1987.

THEISSEN, G. & MERZ, A. *O Jesus Histórico* – Um manual. São Paulo: Loyola, 2002.

VV.AA. "Cristianismos originários extrapalestinos (35-138 d.C.)". *Ribla*, n. 29, 1998.

_____. "Cristianismos originários (30-70 d.C.)". In: *Ribla*, n. 22, 1995.

151

Índice

CULTURAL

Administração
Antropologia
Biografias
Comunicação
Dinâmicas e Jogos
Ecologia e Meio Ambiente
Educação e Pedagogia
Filosofia
História
Letras e Literatura
Obras de referência
Política
Psicologia
Saúde e Nutrição
Serviço Social e Trabalho
Sociologia

CATEQUÉTICO PASTORAL

Catequese
Geral
Crisma
Primeira Eucaristia

Pastoral
Geral
Sacramental
Familiar
Social
Ensino Religioso Escolar

TEOLÓGICO ESPIRITUAL

Biografias
Devocionários
Espiritualidade e Mística
Espiritualidade Mariana
Franciscanismo
Autoconhecimento
Liturgia
Obras de referência
Sagrada Escritura e Livros Apócrifos

Teologia
Bíblica
Histórica
Prática
Sistemática

VOZES NOBILIS

Uma linha editorial especial, com importantes autores, alto valor agregado e qualidade superior.

REVISTAS

Concilium
Estudos Bíblicos
Grande Sinal
REB (Revista Eclesiástica Brasileira)

VOZES DE BOLSO

Obras clássicas de Ciências Humanas em formato de bolso.

PRODUTOS SAZONAIS

Folhinha do Sagrado Coração de Jesus
Calendário de mesa do Sagrado Coração de Jesus
Agenda do Sagrado Coração de Jesus
Almanaque Santo Antônio
Agendinha
Diário Vozes
Meditações para o dia a dia
Encontro diário com Deus
Guia Litúrgico

CADASTRE-SE
www.vozes.com.br

EDITORA VOZES LTDA.
Rua Frei Luís, 100 – Centro – Cep 25689-900 – Petrópolis, RJ
Tel.: (24) 2233-9000 – Fax: (24) 2231-4676 – E-mail: vendas@vozes.com.br

UNIDADES NO BRASIL: Belo Horizonte, MG – Brasília, DF – Campinas, SP – Cuiabá, MT
Curitiba, PR – Fortaleza, CE – Goiânia, GO – Juiz de Fora, MG
Manaus, AM – Petrópolis, RJ – Porto Alegre, RS – Recife, PE – Rio de Janeiro, RJ
Salvador, BA – São Paulo, SP